JN079983

HISTORY AND POLITICS

西洋政治史

渡邉容一郎 —— 著

晃洋書房

目　次

第Ⅱ部　リアクションとしての近代・近世西洋政治史

序章 政治学と西洋政治史

本書は、西洋政治史を学ぶ皆さんのために執筆したテキストである。加えて、西洋政治史の内容を『逆さ』に、つまり「現在」から「過去」に〝遡って〟説明した学術的一般書の性格も併せもっている。

政治史とは何か——歴史と政治学

過去の政治現象を扱う「政治史」は、「歴史」のメインストリームであると同時に「政治学」の一領域でもある。政治史が歴史の主流となる理由。それは、例えば経済史や文化史が歴史となり得るのも、それらが政治の出来事と結びついているからである。別の言い方をすれば、経済や文化を政治抜きで語ることはできないということでもある［岡田 2015：158］。そのため、歴史教科書が政治史中心の記述になるのは、ある意味当然といってよい。

では、政治史が政治学の領域に含まれるのはなぜだろうか。それは、欧米諸国においても、19世紀までは「政治学イコール政治史」だったからである。科学的・行動論的政治学の嚆矢となるアメリカ政治学でさえ、当初政治学と歴史学の間に明確な区別はなかったし、政党史や外交史、政治思想史などの分野を含んでいた［Isaak 1975：邦訳35］。因みに、歴史的・法学的・制度論的各アプローチから構成される伝統的政治学は、大学の法学部「法律学科」に「政治学科」を同居させる形で、今でも影響を及ぼしている。また、歴史とよばれる過去の（政治現象を含む）出来事は、時間の経過とともに客観的な分析や説明が行いやすくなる。

このように政治史は、洋の東西を問わず「歴史」の中軸をなすとともに、「政治学」の伝統的一分野でもあった。したがって、過去の政治現象を考察するだけでなく、過去の政治現象を題材もしくは手がかりに現在の政治を分析し、将来の政治を展望・洞察していく――それが「政治史」なのである。

政治現象とは何か

次に、政治学共通の研究対象となる「政治現象」について考えてみよう。「政治史とは何か」を考えるうえで欠かせないテーマの一つだからである。

政治の定義は政治学者の数だけあるとされている。そこで、手元の『現代政治学小辞典〔新版〕』を開いてみると、政治現象とは「一般的には公的問題の決定および遂行に関連する現象」［阿部・内田・高柳編 1999：242］とある。したがって政治現象は、国家であれ、集団であれ、公的問題を担う「社会」というシステムに関連した現象ということになる。さらに政治現象は、社会システム全体を支える一つのサブ・システム、すなわち「政治システム」に直接関わる現象と見ることもできるであろう。

20世紀のアメリカを代表する政治学者ダールは、この政治システムについて「支配力、影響力、権力、権威をかなりな程度ふくむ人間関係の持続的なパターン」［Dahl 1991：邦訳4］と定義づけている。さらにダールによれば、ほとんどの政治学者は権威や支配あるいは権力を伴う諸関係に政治的関係の本質を見出している［Dahl 1991：邦訳3］とされる。

したがって、公的問題をめぐる統一的意思決定やその遂行に関わる全事象が政治現象である以上、それらの現実的手段となる権力などの要素も軽視することはできない。

政治史を理解するカギは何か

だとすれば、政治史を理解するうえで〝カギ〟となるのは何であろうか。何よりも、社会とそれを構成する政治や経済などの組織体系、すなわちシステムについて理解しようとする姿勢が重要である。イギリスの国制史家エルトンも「政治的な要素（個人とか社会集団）が互いに接触し合う場としての組織体系を充分理解することなしには、如何なる政治史もあり得ない」［Elton 1970：邦訳13］と述べている。

また、既述のように政治史本来のテーマは権力、そして権力をめぐる個人と集団の諸活動といえる。「権力」とは、政治的行為のために用いられる力であり、他者のために、あるいは他者に対して何らかの作用を及ぼし得る力のこと［Elton 1970：邦訳6］である。他者をその意思に反して動かす作用・能力と言い換えることもできるであろう。

以上の点を踏まえてエルトンは、「政治史とは政治の歴史のことであり、政治とは社会における人間の諸活動のことである」［Elton 1970：邦訳5］としている。さらにエルトンは、政治史のテーマと方法について以下のように説明する。少々長くなるが、きわめて重要だと思われるので、以下のとおり引用して紹介することにしよう。

「権力は政治史本来のテーマをなしている。かくして、政治史は、第一に、ひとびとが権力を獲得しようとしたり、その権力を社会の内部で使用したりするさいのその方法を叙述する。すなわち政治史は、個個人が行なう支配権闘争、支配権の維持と行使、組織（政党とか選挙）を通じての権力の達成、その他いわば歴史的新聞の第一面に載るようなあらゆる詳細について述べるのである。第二に、政治史は、各国内の政治とは区別されたものとしての、複数の社会の間で行なわれる権力行使、つまり（ふつうの言い方をすれば）国際政治を叙述するのである。したがって、かつては事実上歴史書の全内容をなしていたさまざまな「事件」のかたまり、それが政治史の主題である。」〔Elton 1970：邦訳6〕

以上の点からすれば、国の内外を問わず、とりわけ権力をめぐる人間（個人と集団）とその諸活動・諸関係に焦点を当てていくことが、政治史を理解する一つのカギとなる。そのためには、実際に人と接したり、あるいは古典的名著とされる文学作品などに触れたりして、「人間とは何か」ということを常に考え、人間（個人と集団）を客観的に観察していく姿勢が求められるであろう。その意味で政治史は〝人間臭い〟学問といえるかもしれない。

なぜ政治学は歴史を必要とするのか

ところで、過去の政治を研究対象とする「政治史」は伝統的政治学の範疇に入るため、計量政治学などの分野から〝脇役〟扱いされてしまうことは否定できない。『現代政治学小辞典〔新版〕』で「政治史」の項を調べると、「政治史は広義では歴史学の一分野として、狭義では政治学の補助科学とされている」〔阿部・内田・高柳編 1999：243〕からであろう。

しかしながらイギリスの政治学者キャバナは、「政治学はなぜ歴史を必要とするのか」という論文の中で、歴史を扱うことによって政治研究が充実するケースを五つ紹介している〔Kavanagh 1991：479〕。すなわち「資料として」「現在と過去のつながりを示すものとして」「理論を検証するための知識として」「政治概念の分析手段として」「教訓の源として」。

いずれにせよ、政治史を学ぶ意味は、知識・知恵・方法・手段・教訓など、様々な側面に幅広く見出すことができるのである。それゆえ、政治研究における歴史研究の必要性ならびに重要性は、21世紀の今日でも決して色褪せていない。

西洋政治史とはいかなる学問か

本書のタイトルが、「西欧政治史」でもなければ「欧米政治史」でもなく、「西洋政治史」となっているのはなぜか。「西洋政治史」や「東洋政治史」といった言い方は、今ではもう古いのではないかと思うかもしれない。ところが『広辞苑　第五版』によれば、「西欧」は西洋全体を意味すると同時に、とりわけヨーロッパ西部地域、つまりイギリスやフランス、オランダなど近代民主政治が比較的早く発達した国々を指すとある。一方「西洋」は、ヨーロッパとアメリカの諸国を指す言葉であるとされ、「欧米」とほぼ同義とされる。本書の目次を見ても一目瞭然だが、西洋政治史を扱う大半のテキストでは、ヨーロッパ統合やロシア革命、あるいはアメリカ独立革命などについても言及しなくてはならない。

また、近代民主政治が比較的早く発達した西洋諸国の政治史を学ぶことは、主としてそれらの国や地域で古代もしくは近世より発達してきた種々の政治哲学や政治思想を学ぶことにもなる。同時に、例えば市民革命など政治史上の出来事というのは、その当時の経済情勢はもちろん、その時代に生成した「西洋的な」政治思想・哲学と無縁には成立し得ない。それゆえ「西欧」ではなく「西洋」政治史としたほうが、扱う時代や内容など様々な面から見て好都合だし、有益とさえいえる。

さらに、独立した教科としての「外交史」や「国際関係史」の存在や影響も、西洋政治史の〝ネーミング〟問題では無視することができない。「西洋政治史」という科目は、伝統的に西洋諸国の「内政」面の変化や進展（例えば民主化のプロセスや、福祉国家の形成過程など）にウェイトを置く傾向がある。それでも、主要国の具体的な対外政策や国際関係の流れを無視してしまったら、内政上の変化をきちんと説明することはできない。したがって西洋政治史といっても、その三分の一程度は西洋諸国を中心とする国際関係史や外交史の内容（例えば、ウィーン体制や東方外交など）となるわけである。

西洋政治史を学ぶ際には、経済や思想が政治に及ぼす影響をはじめ、外交と内政の関係、国際関係（国際政治経済）と国内政治の相互関連性についても理解し、説明できなければならない。その意味でも「西洋政治史」は、多面性があると同時に奥行きの深い学問（政治学の一分野）といえるだろう。

本書の特長と構成――なぜ過去に遡って西洋政治史を説明するのか

冒頭でも述べたように、本書は一般のテキストとは異なり、「現在」から「過去」に遡る形で「現代→近代・近世」西洋政治史の重要事項を概観的に説明している。このユニークな構成が、本書最大の特長といえる。

では、なぜ過去に遡って西洋政治史を説明するのか。それは、「結果」には必ず「原因」があるので、「なぜそうなったのか」という素朴な疑問に答えやすくなるからである。加えて、事実関係を年代順に羅列しただけの無味乾燥な教科書に陥るのを防ぐこともできる。

そうした意味で本書は、「なぜ」「どうして」をモチーフに政治史を遡って説明していく『倒叙法的西洋政治史』試論ともいえる。いずれにせよ、歴史の機能が「過去と現在との相互関係を通して両者を更に深く理解させようとする点にある」[Carr 1961：邦訳97]とすれば、倒叙法による説明の仕方も当然必要となってくるであろう。

このような理由で本書は、２０２１年ドイツ総選挙を起点として、「現代」（第Ⅰ部、第1章～第4章）から「近代・近世」（第Ⅱ部、第5章～第8章）に遡る構成となっている。また、難解な表現はできるだけ避けて、初学者はもちろん歴史が苦手な学生にも、あるいは時事問題の史的背景に興味をもつ社会人にも読みやすくなるよう心掛けた。

日本人と西洋政治史——なぜ西洋政治史を学ぶのか

最後に、この問いと答えで序章を結ぶことにしたい。この問いは、「なぜ、今、われわれ日本人は西洋政治史を学ぶべきなのか」と言い換えてもよい。

それは、私たち日本人が「現代史」を知らなすぎるからである。知っていたとしても、それが自分の〝血や肉〟になっていないと思われるからだ。

いや、そんなことはない。学校で歴史は教わったし、受験で世界史や日本史を習ったという人もいるだろう。でもそれは、卒業ないし合格するために歴史を〝勉強〟させられた結果にすぎない。例えば、本書を執筆し始めた２０２１年夏、コロナ禍の影響で一年遅れの東京オリンピック／パラリンピックが開催された。オリンピック開会前後の一連の〝ドタバタ辞任劇〟を目の当たりにして、「他者への想像力」や「人権意識」に欠けた大人が少なくないことにあらためて気づかされた。そういう大人たちは、歴史を丸暗記した結果志望校に合格できたとしても、歴史を学ぶ意味については全く理解していなかったのであろう。

日本社会の病理から目を逸らす人間になってほしくない、過去の現実を直視できない日本人を少しでも減らしたい——本書には、著者のそうした願いも込められている。

第Ⅰ部

現代西洋政治史の群像

第Ⅰ部では、現代の西洋政治史を扱う。「なぜそうなったのか」という視座で、2021年（ドイツ総選挙）から1871年（帝政ドイツ誕生）までの重要事項を〝遡って、説明していく。

第1章 「現在」を形づくったグローバリゼーションと冷戦終結

1 ウィズ・コロナとポスト・グローバル化の現在

不確実な現在を象徴する2021年ドイツ総選挙

新型コロナウィルス感染症（以下COVID-19）のパンデミック（世界的大流行）は、政治の役割を見つめ直すきっかけをもたらした。「国家」（中央政府）や「地方」（地域政府・地方自治体）のリーダーを通じて、都市封鎖（ロックダウン）など種々の規制がなされたからである。同時に、メッセージを発信するリーダーのあり方や、リーダーシップのスタイルも問われるようになったといってよい。

そうしたなか、連邦宰相としてドイツを16年率いてきたメルケルが政界を引退した。それに伴いドイツでは、2021年9月に総選挙が行われた。歴史的な混戦を僅差で勝ち抜き躍進したのは、中道左派の社会民主党である。連立交渉の末、メルケルの後任には同党のショルツが就任し、「社会民主党（第一党）・緑の党（第三党）・自由民主党（第四党）」による三党連立政権、いわゆる「信号（赤・緑・黄）連立」が成立する運びとなった。

本命不在といわれたこの総選挙が稀に見る混戦となった理由の一つに、争点の多様化・複雑化がある。経済・社会格差の是正はもちろん、移民・難民問題や気候変動対策に加え、COVID-19やデジタル化への対応なども争点に加わったからだ。そして社会民主党が勝利できた要因として、各党のリーダーや首相候補の人柄と人気の影響も挙げられている。次期首相候補の中で最も失点が少なかったのがショルツとされているからである。加えて、長期に及んだメルケル時代に〝区切り〟をつけるため、有権者の多くが「新しいドイツ」のスタートを望んだことも大きい。

連立交渉の結果「信号連立」でまとまった背景として、「格差是正」を軸に「経済」と「環境」のバランスを取る必要性があった点を指摘することができる。近年のドイツでは、従来的な二党連立よりも三党連立や大連立が常態化している。そのため、争点の多様化・複雑化に加え、ドイツ社会の変化や政党政治の弱体化などを指摘する声もある。

このように２０２１年ドイツ総選挙は、不確実な現在において「わかりやすさと社会の安定」を新しいリーダーに求めた帰結であった。それゆえ、政権交代をもたらした２０２１年ドイツ総選挙は、ウィズ・コロナやポスト・グローバル化で不確実性を増した「現在」を象徴する政治現象といえるであろう。

21世紀の現在は政治経済的にいかなる時代か

この点についての評価は時期尚早かもしれないが、「現在」を理解するため、複数の角度から検討してみることにしよう。

アメリカのバイデン大統領は、２０２１年8月31日をもってアフガニスタンからの米軍撤収を完了した。これによって、いわゆる「9・11」戦争（2001年9月11日に起きたアメリカ同時多発テロに伴う一連の「テロとの戦い」）は、一応終わりを告げたことになる。したがって、2001年9月11日（ポスト冷戦期の終焉）から2021年8月31日までの期間は〝ポスト・ポスト冷戦の時代〟（ポスト冷戦期以後の時代）ともいえる。

そして2021年9月1日以降、特に2022年2月24日以降（現在）は、「米中対立」とか「自由民主主義体制対権威主義体制」という構図で語られる本格的な「大国間競争ないし体制間競争の時代」に入ったと見ることができる。あるいは「アメリカ合衆国中心から中華人民共和国中心への転換期ないし過渡期」といってもよい。換言すれば、社会のあらゆる面で権力の権威的な集中独占化や、過激な実力行使による既成事実化が多く見られるようになったということでもある。ウクライナに軍事侵攻したロシアも、その例外ではない。その結果、西欧的価値観に基づく自由民主主義は、例えば香港やウクライナなど世界各地で揺さぶられるようになった。

そしてこうした傾向に、前述のコロナ禍が拍車をかけた。COVID-19のパンデミックは、国家間の往来制限やワクチン接種の義務化など国家機能強化を結果として促進した。それゆえ、政治や政府の安易な権威主義化につながりやすくなるのである。また、歴史的に見た場合、経済の成長がストップしたり経済成長の恩恵が一部の特権層や富裕層に集中したりすると、民主主義が危機に陥る可能性も高い。そこで今度は、世界経済の動向という側面から「現在」について考えてみよう。

20世紀が「グローバル化／グローバリゼーションの時代」とすれば、21世紀の現在は「ポスト・グローバル化の時代」といっても過言ではない。あるいは「グローバリゼーション疲れ」の時代ということもできるであろう。

グローバリゼーション（グローバル化）とはボーダレス、かつ世界規模での市場経済拡大・統合化現象である。これを加速させた要因の一つに新自由主義が挙げられる。新自由主義は市場経済や国際競争力、あるいは効率などを重視して政府の役割を必要最小限に抑えようとする立場だからである。具体的には福祉国家に反対する一方、民営化や規制緩和、大企業への減税などを支持する傾向が強いため、グローバリゼーションと新自由主義は比較的相性がよい。１９８０年代にはサッチャリズムに象徴される一連の新自由主義政策が展開されたほか、中国も市場経済を取り入れ、ポーランドなど東欧の社会主義諸国でも一連の東欧（市民）革命が起こった。そして何よりソヴィエト連邦（ソヴィエト・ロシア）が崩壊したからこそ、冷戦終結後（１９９０年代以降）グローバリゼーションの勢いは加速していったのである。

グローバリゼーションという現象には功罪両面がある。例えば１９９０年代にはＩＴ革命も重なって、ボーダレスな自由移動がより簡単になった。そうなると国家間の相互依存関係も一層深まりやすくなる。また先進国は途上国の安価な労働力でコストダウンが、途上国では雇用先の確保が、それぞれ可能になるという長所も指摘されよう。ところがその短所として、一国の経済不安が瞬く間に世界中に飛び火したり（日本経済に対するリーマンショックの影響など）、自由競争原理が世界規模化することで中流層が貧困層に転落したり、あるいは経済・社会格差や分断が深刻化したりする恐れ（デバイド現象など）があることも否定できない。

その結果、いわゆる「反・グローバリゼーションないし反・グローバリズム」の動きが蔓延することになりやすい。その例として、とりわけ豊かな欧米先進国の政府や有力企業に対する反感や反発をはじめ、自由（議会制）民主主義や既成政党政治への不信や憎悪、権威主義的指導者への憧憬、宗教原理主義の拡大、テロリズムの日常化、「反・移民」や「反・エリート」を掲げる極端主義勢力とその支持の増大、いわゆるポピュリズムの台頭などが挙げられる。これらは全て「現在」の特徴的政治現象ということができる。

したがって21世紀の現在は政治経済的にいかなる時代かと問われた場合、その答えをあえて一言に要約するなら、

「グローバリゼーションの短所（負の遺産）と向き合わねばならない時代」あるいは「グローバリゼーション疲れを癒すべき時代」というものになるであろう。こうした課題に対する一つの処方箋として、例えばアメリカの政治哲学者サンデルは、「行き過ぎた能力主義（功績主義）」の見直しや是正を勧告し注目されている［Sandel 2020：邦訳］。ではここで、現在の政治を語るうえで欠かせないポピュリズムに触れてみよう。

現在の政治を特徴づけるポピュリズム

周知のように「ポピュリズム」は、例えば大衆迎合主義や反・エリート主義という言い方で説明されることからもわかるように多義性を伴う概念である。加えて、政治的な手法やスタイル、運動といった多面性も有することから、近年幅広く用いられるようになってきた。それゆえ、ポピュリズムという政治現象については、様々な観点から分析・評価することが可能といってよい。

ポピュリズムを考えるうえでは、その語源の一つとされる、アメリカ西部・南部の農民などを基盤に1890年代に登場した第三政党「人民党」の存在も重要である。アメリカ人民党結成の背景には、南北戦争後発展した独占的大資本を尻目に不況などの影響で困窮した一部民衆の怒り、経済・社会格差増大に有効な対策を打ち出せない既成政治とその腐敗に対する民衆の不満や反発など、当時のアメリカ社会が抱える様々な問題があったとされるからである。

一般にポピュリズムは、政治エリートや大企業、移民、既成制度などを「敵」（あるいは強者）と見立てたうえで、それを民衆（あるいは弱者）の立場から激しく批判し攻撃する傾向、すなわち排他性と攻撃性をもつとされることが多い。しかしながらその論理的一貫性は意外に希薄だったりすることもあるとされ、その評価もマチマチであることから、きわめて複雑かつ捉えにくい現象ということもできる。

最近話題になることの多いポピュリストは、自分たちだけが民衆（弱者）の代弁者であって、自分たちこそ多数派もしくは全ての意見や利益を常に代表していると主張しがちである。それゆえ、自分と同じ立場や情報しか尊重せず、異なる意見・価値観の存在や多様性などを認めない傾向も顕著とされる。したがってポピュリズムをめぐっては、弱者の声や〝声なき声〟を代弁する役割をもつとする見方がある一方、多様性や多元性を認めないことも多いため、民主主義にとって危険な存在と捉える向きもある。

そうした点から、あらためてポピュリズムないしポピュリストを捉え直してみると、最近のポピュリズムやポピュリスト政治家の根底には、自由民主主義を軽視する権威主義的側面があるのではないかと思わざるを得ない。例えば当時のトランプ大統領に象徴されるポピュリスト政治家は、わかりやすさのみならず、「敵」と見なした相手に強硬な姿勢で臨むのを好む傾向が多かったと思うからである。

そうした点を踏まえ、ドイツ出身の政治哲学者ヤン＝ヴェルナー・ミュラーは、21世紀現在のポピュリズムの本質を反・多元主義と捉えている［Müller 2016：邦訳 xi］。そうだとすれば、自由民主主義にとってポピュリズムやポピュリストはやはり危険で、常に用心すべき存在ということになるであろう。このようなポピュリズム観は明快で説得力に富む。民主主義とポピュリズムの違いをはじめ、アメリカの人民党とトランプの相違点も明確にできるからである。

このようにポピュリズムは、西洋政治史を学ぶ意義について考えたり、民主政治のあり方を模索したりするうえで欠かせない手がかりの一つとなる。また、ウィズ・コロナとポスト・グローバル化の「現在」を理解する思考の道具としても重要な概念といえるであろう。

2 グローバリゼーション疲れと国民国家の再認識

２０１６年アメリカ大統領選挙――なぜトランプは勝利できたのか

典型的なポピュリスト政治家として、しばしば取り上げられるのがトランプである。２０１６年のアメリカ大統領選挙では、マスメディアなど大方の予想を覆して共和党の大統領候補トランプが勝利を収め、第45代アメリカ合衆国大統領に就任した。当初は選挙アナリストや政治学者など多くの「専門家」が、民主党候補クリントンの勝利を予想していた。全米大手マスメディア主体の各種世論調査結果の多くが、そのような事前予測を報じていたからである。

ところが、実際に蓋を開けてみると正反対の結果となった。トランプの勝利についてはソーシャルメディア、いわゆるＳＮＳの存在抜きで語ることはできないとされている。したがって、民意を見誤ることなく選挙結果を正しく分析するためには、ＳＮＳの役割や問題点を正しく理解しなければならない。また、ＳＮＳ時代とよばれる現在の民主政治やポピュリズムを考えるうえで、この大統領選挙結果はきわめて重要な意味をもつ。なぜトランプは勝つことができたのか。普通の人びとにもわかりやすい「アメリカ・ファースト」を掲げたからであろうか。

ある有力な分析によると、２０１６年アメリカ大統領選挙は「トランプの勝利というよりクリントンの敗北」という印象のほうが強い［西山 2017：5］とされる。この分析によれば、トランプの勝因として、二大政党の分極化に伴い有権者の意向とのギャップが生じてきたところにトランプの過激な発言が繰り返された。その結果、単一争点活動家の支持が確保できたこと、経済問題については逆に穏健な立場に基づき中道派の支持を確保できたことなどが挙げられている。加えて反エスタブリッシュメント感情の高まりや、不満の多い白人労働者（ブルーカラー）層の一部がトランプ支持となった点［西山 2017：9–14］も指摘されている。

他方で、クリントン敗北に貢献した要素として挙げられているのが、民主党の左傾化に対する反発や、中南米系有権者と女性有権者の支持を固めることができなかった［西山 2017：5–9］などの点である。いずれにしても、2016年のアメリカ大統領選挙では、異色の候補者（特にトランプ）がアメリカ「二大政党を根底から揺り動かし、その変質を迫った。彼らが支持を得た背景に、既存のアメリカ政治に対する不満と反発があったことは間違いな」［西山 2017：15］さそうである。だとすれば、アメリカ二大政党の変質過程はもとより、前述したグローバリゼーション疲れや、それに伴い分断がさらに深刻化したアメリカという国民国家を再認識するところから、考察を加えていく必要もあるといえるだろう。

2016年EUレファレンダム――なぜイギリスはEU離脱を選択したのか

司馬遼太郎の小説『坂の上の雲』によると、日露戦争当時陸軍の児玉源太郎は、参謀本部で「諸君はきのうの専門家であるかもしれん。しかしあすの専門家ではない」［司馬 2010：99］と怒鳴ったことがあるという。小説なので史実かどうかは不明だが、この児玉の言葉を私たちも重く受けとめなければならない。既述のアメリカ大統領選挙同様、支持率の拮抗する世論調査結果に振り回された専門家が（その専門的見地に基づいて）投票結果予測を外すなど、民意のミスリーディングが相次いだのが2016年という年だった。それを象徴するもう一つの事例こそ、2016年6月23日に実施された「イギリスのEU離脱の是非を問う国民投票」（以下EUレファレンダム）である。投票結果はEU残留支持…約48％、EU離脱支持…約52％、投票率72・2％であった。なぜイギリスは僅差ながらもEU離脱を選んだのであろうか。

もちろんその理由は、投票した人の事情や考え方によって様々であろう。だが、世論調査結果など複数のデータに基づいて、その答えをあえて一つに絞り込むとすれば、やはり近年増加傾向にあった（とりわけポーランドなど東欧諸国からの）「移民」に対する不満が大きかったといわざるを得ない。また、移民抑制政策で、期待されたほどの効果をもたらさなかった政府に対する不信や不満をはじめ、潜在的な「イングランド性」（Englishness）というアイデンティティへの執着があったことも否定できないと考えられるのである［渡辺 2016］。

さらに様々な世論調査結果などから、「EU残留支持者」には学生を主体とする若年層、高学歴層、高所得者層、社会リベラル層などが総じて多く、他方で「EU離脱支持者」はその逆という一般的傾向も明らかとなっている。加えて国内地域別の違い（例えばスコットランド全体としては比較的残留派が優勢だったこと）なども指摘されている。つまりこのEUレファレンダムの意義の一つは、経済的社会的、そして国内地域的に分断が深まったイギリスをあらためて「可視化」したこと、あるいはイギリスという国民国家を再認識させたことに求められるのである。またEUレファレンダムそのものが、エリートに対する不満や、移民に対する潜在的敵意を「EU離脱」支持という形で表明する手段として用いられた［Pierson 2021：2］との指摘もなされている。

こうした移民問題やイギリス分断化の背景として、既述のようにグローバリゼーションに伴うマイナス面、つまりグローバリゼーション疲れのようなものが有権者の一部に存在したということはできる。EU市場やグローバル化の恩恵を受けられない（恩恵を受けたとしてもその実感に乏しい）人、EU域内でのヒトの移動が自由になったせいで「人件費の安い移民に仕事を奪われ、移民の生活や社会保障のため自分たちの税負担が重くなる」と考えた人が、為政者や専門家の想像以上に多かったともいえるであろう。為政者と専門家には「他者への想像力や共感力」が特に求められる所以である。

いずれにしても、ヨーロッパ統合やグローバリゼーションに伴う分断を背景に、既成政治への不信・不満・不安も増大した。その結果、イギリスが「階級社会」プラス「移民社会」に、そして「連合王国」が「四地域の寄せ集め国家」に、それぞれ変質していたという事実を通じて、EU離脱が選択されたのである。したがってEU離脱という現象は、国民国家とは何かをイギリスが再考した結果なのかもしれない。

2014年スコットランド住民投票――なぜスコットランドは連合王国残留を選択したのか

このように今日のイギリスは、様々な意味で経済的社会的、そして地域的「分断」が顕著になったといっても過言ではない。それをさらに裏づける出来事の一つが、2014年の住民投票で否決されたとはいえ、現在も続く「スコットランド独立を目指す動き」である。2014年9月18日に実施された「スコットランド独立の是非を問うスコットランド住民投票」の投票結果は、連合王国（イギリス）からの独立賛成…約45%、独立反対（残留を支持）…約55%、投票率84・6%であった。それでは、なぜスコットランドは連合王国、すなわちイギリスから独立しようとするのか。

この問題を考えるうえで手がかりとしなければならないのは、合邦（1707年）以前のイングランドとスコットランドが元々別の国だったという史的事実である（第7章を参照）。また、北海油田の開発を通じてスコットランド側で経済的自立の見通しが立ちやすくなったことに加え、当時のイギリスがEU加盟国だったのでEUから提供される様々な恩恵が（コストも伴う代わりに）期待できたこと、1990年代後半に実現したスコットランド議会復活、すなわち国内地域（自治・分権）政府の定着、さらにはスコットランドの自治・独立を伝統的に掲げてきたスコットランド民族党の責任政党化などを指摘することができよう。そして何より、ヨーロッパ統合の深化と、イギリス国内における地方分権改革の長期的帰結であることは、やはり否定できないように思われる。

実は、この住民投票日直前においては、「独立賛成」意見の方が「独立反対・残留支持」のそれを上回っていたという指摘がある。その理由として考えられるのは、イギリス政府（ロンドン）による「スコットランド独立達成後のポンド使用不可」発言をはじめ、テレビ討論会でのスコットランド民族党党首のパフォーマンスや、独立賛成派による地道な草の根キャンペーン、いわゆる「地上戦」の効果などである。ではなぜスコットランドは、2014年のレファレンダム当日、僅差ながらも結局連合王国残留を選んだのであろうか。

その理由も様々であろうが、まず指摘しておかねばならないのは、投票日直前になって危機を感じたイギリス政府側の訴え、すなわち「残留が決まれば、今後一層の自治・分権化の拡充をスコットランドに約束する」との言明が一定の効果を及ぼしたと考えられる点である。これは、スコットランドにおいても中流層以上の有権者や、都市部在住あるいは高齢の住民は、連合王国からの「分離独立」以上に「自治・分権化の拡充」を志向する傾向が強かったことを物語っている。また、連合王国から分離独立した場合の年金受給の将来性を高齢者層の多くが不安視したから、という指摘もあった。

ここから、イギリス政府の「上から目線」に対する従来的反発が投票日直前に再燃したものの、スコットランド有権者の大半は「分離独立」以上に、現実的な「自治・分権化の拡充」志向であったことがわかる。結局、連合王国からの分離独立と、その後のEUとの連携に伴う「北欧的小規模福祉国家」建設という『理想』より、従来的枠組みの中で「今後の経済生活面の安定・充実確保」という『現実』を冷静に選んだともいえるであろう。

とはいえ、この住民投票結果からもわかるように、これによってスコットランドが「分離独立」の理想を完全に捨て去ったわけではないということも忘れてはならない。

3　拡大するＥＵと変容する米ロ

大欧州の誕生――なぜＥＵは東方に拡大したのか

既述のように、スコットランドが連合王国から分離独立しようとした背景の一つに、統合を深化・拡大させたＥＵの存在がある。イングランドと別れても、ＥＵの一員として他の加盟諸国との連携・協力を続けることで、様々な見返りなどが期待できたからである。

現在のＥＵは、２０２０年に離脱したイギリスを除く27カ国で構成される。統合の深化によってＥＵの対外的な「顔」と対内的な「軸」がますます必要とされたことを受けて、その運営は、国家でいえば大統領（欧州理事会常任議長）や外務大臣（外相理事会議長・外交安全保障上級代表）に該当する役職を新設したリスボン条約（２００９年発効）に基づいている。特に２００４年にはバルト三国や中東欧・南欧の10カ国が加盟を果たし、当時のＥＵは25カ国体制（大欧州）となった。とはいえ「大きくなりすぎた」ため、ＥＵ加盟国間で政治的足並みを揃えるのは容易ではない。

ではなぜ、ＥＵはここまで拡大を続けたのか。もちろん、加盟に伴う加盟国側の負担や問題点（移民の増大に伴う様々な弊害）も少なくないが、やはり加盟に伴う経済的社会的側面ならびに安全保障面でのメリットは無視できないからである。要するに「魅力」という一種のソフト・パワーがＥＵに備わっていたからであろう。また、ＥＵに加盟するための条件（コペンハーゲン基準）として、加盟申請国が民主主義や市場経済を採用していることに加え、アキ・

コミュノテールとよばれる既存のＥＵ法体系を受け容れること（そのための国内法制度の大幅な改正）などが、比較的よく知られている。

したがって、前述のグローバリゼーションとそれに伴う市場経済や民主的諸制度の導入が広がったからこそ、ＥＵは東方にも拡大できたといえる。別の言い方をすれば、１９８９年を境にヨーロッパで冷戦が終結した（つまり、西側の価値観に基づく資本主義や自由民主主義体制が拡大した）帰結ということができよう。

このようにヨーロッパ統合の深化と拡大に伴いＥＵは、もちろん紆余曲折もあったとはいえ、１９９９年に導入された共通通貨ユーロが２００２年から流通するなど、当初は想像すらできなかった規模で発展を遂げてきた。しかし、既述のとおり２０２０年のイギリス離脱が象徴するように、主権国家・国民国家としての独自性を失わせたり、ヒトの移動の自由に伴い「移民」が深刻な国内問題になったりするなど、依然として課題も抱えている。

２００１年９月11日とアメリカ――なぜ「９・11」は政治史上の転換点なのか

既に述べたとおり、２００１年９月11日にアメリカを襲った同時多発テロは、「ポスト冷戦」の世界を「ポスト・ポスト冷戦」の世界に転換させるきわめて重要な出来事であった。

因みにテロリズムとは単なる暴力ではない。政治目的を実現するため、反政府団体や革命集団、秘密組織だけでなく、政府や権力者などが、人びとを恐怖に陥れて組織的に実施する暴力行為または恐怖政治を指している。それゆえ政治目的達成を伴う要人暗殺、政敵の追放や大量処刑、粛清、あるいは組織的な破壊活動などは全てテロといってよい。また、近年増えてきたとされるのが、政府要人よりも一般市民を巻き添えにする無差別テロである。さらに複数の国や地域にまたがって実施される場合は、国際テロとよばれている。

国際テロ組織によって引き起こされた同時多発テロ（特に、劣勢にあるとされる集団が予想外の手段を通じて相手の弱点を攻撃することが多い）に対抗するため、アメリカはその圧倒的なハード・パワー（軍事力など）を背景に、報復の意味も込めて「対テロ戦争」に踏み切った。その結果、アフガニスタンのタリバン政権を一時的に崩壊させるなどした。しかし最近になって、再びタリバン勢力がアフガニスタンを実質的に支配する動きが見られる。

同時多発テロの衝撃を受けてアメリカのブッシュ・ジュニア（共和党）政権は、国際テロとの戦いを「新しい戦争」、すなわち新しい種類の戦争もしくは21世紀最初の戦争と位置づけた。それに伴い翌年には、「ブッシュ・ドクトリン」とよばれる安全保障戦略を発表した。その眼目は、国際社会の支持を得るための努力はするが、必要であれば単独での行動をためらわず、先制攻撃で自衛権を行使するというものである。これは、モンロー・ドクトリンとよく対比されるが、アメリカの新たな敵を（大量破壊兵器の開発や、テロ組織の支援を行う）「ならず者国家」とか「悪の枢軸」「圧制の拠点」などに設定して非難や攻撃の対象とする、とりわけ軍事的優位に立脚した一方的な単独行動主義（ユニ・ラテラリズム）の外交安全保障政策といえる。

こうして2003年のアメリカは国際社会の反対を押し切る形でイラク戦争に踏み切り、当時のフセイン政権を崩壊させている。こうした一連の動きによって、現在でも一部の地域で続いている様々な反米活動の温床が、さらに増加したと考えられる。

冷戦終結後のアメリカがこのように変容した背景には、冷戦が（ソヴィエト・ロシアの崩壊などによって、一応アメリカなど西側の勝利という形で）終結したこと、それに伴いグローバリゼーションとグローバリズムのチャンピオンがこの時点でアメリカ合衆国のみとなったこと（アメリカ的価値観のいわば独り勝ち）、同時にグローバル化やＩＴ化の進展によって複数の反米テロリスト集団が国境を越えたネットワークを形成することも可能になったこと（反欧米的暴力のグローバル化）などが考えられる。

そうしたブッシュ・ジュニア政権と共和党の対外強硬路線を支えてきた政治思想的潮流の一つが新保守主義、すなわちネオ・コンサーバティブ、いわゆる「ネオコン」とよばれる人たちの存在である。主に１９７０年代後半から台頭してきたとされるネオコンの二大支柱は、古典的な自由放任主義とキリスト教原理主義（社会保守性）にあるとされることが多い。そして現在でも、アメリカ共和党の支持母体として大きな影響力をもつとされる。

以上の点から、21世紀という「現在」の「幕開け」を告げる出来事こそ、いわゆる「９・11」だったといってよい。それゆえ２００１年９月11日という日付（いわゆる「９・11」）は一つのターニングポイントであると同時に、現在の政治経済社会を知るための一つの手がかりを提供する事件であった。なお、対外的には対米不信と反米感情を、対内的には冷戦終結とグローバリゼーションの恩恵に加え、職業としてのテロリズムを巧みに活用してきたのが、２０００年以降ロシア連邦のリーダーとして事実上君臨するプーチンその人である。

プーチン・ロシアの登場――なぜプーチンは権力を獲得できたのか

本書を執筆していた２０２２年２月24日、ロシアがウクライナ軍事侵攻（侵略）を開始した。ウクライナの親欧米的なゼレンスキー政権を軍事力で打倒し、親ロ政権を樹立させてウクライナのＮＡＴＯ加盟を阻止すること、言い換えれば、「ヨーロッパ最後の独裁国家」ベラルーシと同じ旧ソ連構成国のウクライナを、（その国家主権を無視して）無理矢理「中立化」することによって、ＮＡＴＯを東方拡大させないことがプーチンの主な狙いだったとされる。これに加え、ナショナリズムに基づく国威発揚を通じて、当時必ずしも高いとはいえなかった支持率を回復し、「強いロシアの指導者」として国内求心力を再び高めることも、プーチンは期待していたと見ることができよう。

冷戦終結後のロシアは、その事実上の指導者の名前で便宜上「エリツィン・ロシア」（１９９１〜99年）および「プーチン・ロシア」（２０００年〜）に区分することができる。そしてエリツィン時代のロシアが「崩壊と混乱の時代」もしくは「内外ともに弱いロシア」の時代だったとすれば、プーチンのロシアは「再建と安定化の時代」あるいは「内外ともに再び強くなったロシア」の時代と見ることも可能であろう。つまりプーチンはロシアの国力増強と自身の権力基盤などを背景に、国民に安定と自信、そしてそれなりの繁栄をもたらして比較的高い支持を保つことに成功してきた。その意味で、「建設よりも、その準備段階というか、破壊が得意」［下斗米 2020:31-32］だったエリツィンの後任に相応しい役割を、プーチンは演じてきたともいえる。

ソ連（ソヴィエト・ロシア）崩壊後、価格自由化による国内経済の混乱を受けて新憲法を制定（大統領権限を強化）し、ロシアからの独立を要求するチェチェン共和国への軍事介入・紛争に踏み切った〝破壊の英雄〟エリツィンが大統領を突然辞任したのは、１９９９年12月のことである。その四カ月ほど前、エリツィンは首相ステパーシンを解任し、当時連邦保安局（ＦＳＢ）長官だったプーチンをその後任に決めた［下斗米 2020：51］。そして１９９９年12月31日に辞意を表明したエリツィンは、「憲法の規定に従って、かねてから後継者と表明していたプーチン首相にすべての大統領権限を移した」［下斗米 2020：14］のである。こうしてエリツィンの辞任に伴い大統領代行に就任したプーチンは、２０００年3月に実施された大統領選挙で当選を果たし、5月には大統領に就任した。その後、（力や暴力を意味するロシア語〝シーラ〟が語源の）「シロヴィキ」とよばれる、サンクトペテルブルク出身者を核とした治安情報機関・軍出身者側近グループを直接の権力基盤としながら、民主主義の制度（選挙）を通じて、プーチンは事実上個人王朝的な一強体制を構築・維持してきたのである。

ではなぜエリツィンは、自分の後継者として、ほかならぬプーチンを選んだのであろうか。特にエリツィン時代末期には国家統治の安定と回復が求められていた〔下斗米 2020：51〕ため、旧ソ連時代の国家保安委員会（KGB）の役割を受け継ぐFSBの長官プーチンを後継者とした可能性は否定できない。また、権力移行の条件とされる「エリツィンとその家族の引退後の無答責」をプーチンは最初の大統領令で決めた〔下斗米 2020：14〕とされるので、案外この程度の理由でプーチンを選んだのかもしれない。

いずれにしてもプーチンは、2020年の国民投票結果に基づいて憲法を改正し、理論上は2036年まで政権維持可能な体制づくりに成功を収めた。〝プーチン・ロシア〟による強引なウクライナ軍事侵攻を理解する――より幅広く、多様な側面から検討する努力が求められることはいうまでもないが――ためには、その手がかりの一つとして、このような「指導者個人を取り巻く環境や背景」にも注目していく必要がある。

4　グローバリゼーションへの反応と冷戦の終結

中道左派政権の誕生――なぜリベラルが支持されるようになったのか

1990年代後半から2010年頃にかけて、ヨーロッパの主要国では労働党や社会民主党（社会党）などの「中道左派」政党が相次いで政権を獲得する傾向が見られた。

例えばイギリスでは、モダニゼーションとよばれる党内改革によって「主要産業国有化路線」（オールドレイバー）と決別した労働党党首ブレアが、「第三の道」という新たな中道路線に依拠する「ニューレイバー」（新しい労働党）を登場させた。そして3年後の1997年総選挙で圧勝し、18年ぶりに保守党から政権を奪還した。その後ニューレイバー政権は、スコットランド議会復活、すなわち国内地域（自治・分権）政府創設に象徴される一連の地方分権改革や上院改革、あるいは北アイルランド和平などを実現し、2010年までイギリス政治をリードした。

半大統領制を採用するフランスでは、中道右派・共和国連合のシラクが1995年大統領選挙で当選を果たす一方、1997年の総選挙では逆に中道左派が勝利を収め、社会党のジョスパンを首班とする三回目の「保革共存政権」(「コアビタシオン」)が成立している。その後2012年の大統領選挙では社会党のオランドがサルコジを破って当選し、ミッテラン以来の社会党出身大統領が登場した。

ドイツでは1998年の総選挙で中道右派の「同盟」が敗北し、1982年から統一後も一貫して政権を維持してきたコールが退陣した。そして、90年連合・緑の党と組んだ社会民主党主体のシュレーダー中道左派連合政権が発足した。この連立与党は次の2002年総選挙でもかろうじて勝利を収め、2005年総選挙でドイツ史上初の女性連邦宰相メルケルが中道左右両派の「大連立」政権を樹立するまで続くことになる。そしてイタリアでも、1996年の総選挙後スタートしたプローディの政権は、左翼民主党や人民党を主体とする中道左派連合「オリーブの木」を基盤とするものであった。

このように、同時期のヨーロッパ主要国で中道左派系の単独ないし連合政権が相次いで登場した背景には、中道右派への対抗と自らの生き残りのため、当時の中道左派が新しい政策対立軸を形成する必要性に迫られていたことが挙げられる。同時に、党内外から求められていた党内「改革」を野党期に断行したことも軽視してはならない。その典型例として、イギリスのニューレイバーを挙げることができよう。前述の「第三の道」は、政策理念上は「旧式の社会民主主義と新自由主義という二つの道を超克する道」[Giddens 1998：邦訳55]とされている。換言すれば、市場を従来以上に重要視するようになった新しい社会民主主義ということであるが、党組織の面から見ると、1980年代以降組織率が低下した労働組合を社会民主主義が従来ほど重視しなくなった――その代わり党首などメディアや有権者受けする「党の顔」を重視するようになった――帰結とも考えられるからである。

したがって、国や政党によって事情が異なるとはいえ、1980年代頃から総じて主流化した（グローバリゼーション／グローバリズム、市場経済や新自由主義に立脚する）中道右派・保守政治に〝危機感〟を抱いた中道左派・リベラル側からの反応（そしてもちろん、中道右派政権側の失策に対する有権者の反発と反応）として、この一連の現象は説明できるのである。

これに加え、1991年のソ連崩壊、90年の東西ドイツ統一、そして89年の米ソ両首脳による冷戦終結宣言という一連の流れも無視することはできない。これはつまり、市場経済を否定するソ連型社会主義に魅力がなくなったため、中道左派・社会民主主義の側も市場経済との向き合い方を再考（すなわち重要視）せざるを得なくなった結果でもある。

20世紀とりわけ第二次世界大戦後のテーマが「資本主義か、社会主義か」だったとすれば、グローバル化した21世紀は資本主義のあり方がテーマ［福島 2002：15］だとされる。同時に「社会民主主義はどうあるべきか」も、重要なテーマの一つといえるであろう。

冷戦終結のプロセス①――なぜソヴィエト・ロシアは崩壊したのか

1991年12月、ゴルバチョフ（連邦維持派）とエリツィン（ロシア中心の自主独立志向派）の二大巨頭がソヴィエト連邦消滅に合意した。その結果、いわゆる「ソ連」（ソヴィエト・ロシア）解体が決定づけられると同時に、ロシア革命以来74年間の歴史に幕が下りることになった。

その要因として、まず直接的には、第2章で説明するペレストロイカ（立て直し）やグラスノスチ（情報公開）、あるいは新思考外交（「ブレジネフ・ドクトリン」、すなわち「制限主権論」の放棄）などに代表されるゴルバチョフの改革路線に反発した（ゴルバチョフ時代を終わらせることに成功した）ソ連共産党保守派のクーデタを挙げなければならない。生命は助かったものの、これによってゴルバチョフの求心力は一気に低下した。共産党書記長辞任を余儀なくされたこともあって、連邦（ソ連）維持を望む勢力の弱体化は避けられなくなった。その結果、二大巨頭のパワーバランスが逆転し、連邦を構成していたロシアやウクライナをはじめとする各共和国が自主独立性をもつ「主権国家」へと脱皮する流れに、勢いがついたのである。

したがって、ソ連崩壊は、ある意味ペレストロイカの帰結といっても過言ではない。ペレストロイカをはじめとする一連の改革にゴルバチョフが踏み切ったのは、冷戦に伴う国防費の増大が経済を圧迫していたことに加え、ソ連型社会主義経済の行き詰まりや停滞など国内経済事情によるところが大きい。体制を維持するためのペレストロイカが、逆にその崩壊を加速する結果となったのは皮肉である。いずれにしても、ペレストロイカの教訓は、現在のロシアや中国、北朝鮮の動きを理解するうえで一つのヒントになるかもしれない。

冷戦終結のプロセス②——なぜ東西ドイツは統一できたのか

東ドイツ（ドイツ民主共和国）の終焉、つまりベルリンの壁崩壊とそれに伴う東西両ドイツ（主権国家同士）の統一は、ヨーロッパでの冷戦終結を象徴する出来事といえる。そしてここでも、ペレストロイカや新思考外交などの影響を確認することができる。1989年頃ポーランドなどソ連の衛星国が多かった東ヨーロッパ諸国で生じた自由化・民主化を求める市民の動き、いわゆる東欧（市民）革命は、本家ソ連のペレストロイカに従った当然の流れといえるからである。とりわけテレビ中継・報道を担う自由なマスメディア——今日ではソーシャルメディアの役割もきわめて大きい――の存在は独裁に反発する国際世論の形成を促したが、これもソ連のグラスノスチに影響を受けたためと考えられる。さらに、東欧諸国も含めた他国の主権を侵害せず、軍縮や対話をより重視する新思考外交の展開もまた、東欧市民革命や冷戦の終結をもたらしたといえよう。それゆえ、東ドイツ側の変化も含む東欧市民革命の論理的帰結こそ、東西ドイツ統一実現に一定の効果を発揮したといえるのである。

東西ドイツの統一方式に関しては、当時「同盟」などが支持した方式での統一か、それとも社会民主党などが支持していた方式に基づく統一かで、意見の対立（根底には主導権争い）があった。前者は西ドイツ側が東ドイツ側を吸収合併する（東部の各州が西ドイツに加盟する）というもので、現行の基本法のまま早期統一が可能であり、また比較的簡単なため現実的な方法ではあった。しかし、東ドイツ側の面子が立たないという短所もあった。一方後者は、新憲法制定を伴うため、東ドイツ側にも考慮し熟議したイメージがあって理想的といえた。だが、早期実現を望む人たちからすれば、統一に時間がかかるという欠点があった。

結局、1990年3月に東ドイツ史上おそらく初めて〝自由な〟選挙が行われ、前者の方式を支持する党派が勝利した結果、前者の方式で統一が実現する運びとなったのである。選挙によって統一方式が決められたことで、東西ドイツ統一に民主的かつ正式な「正当化」(justification) ならびに「正統性」(legitimacy) がもたらされたといえる。

しかしながら、東ドイツ側住民多数派の希望だったとはいえ、早期統一実現を急ぐあまり、東西間の経済格差解消よりも政治的な統一を優先させてしまったともいえる。そのため、統一から今日に至るまで、国内東西地域格差に伴う諸問題を未解決のまま残すことになった。旧・東ドイツ地域を中心に、移民排斥などを主張する「ドイツのための選択肢」などの極右的な政党が支持される温床をつくってしまったのである。

第2章 冷戦時代の福祉国家とヨーロッパ統合の進展

1 冷戦終結の確認とヨーロッパ統合の再深化

ゴルバチョフの内政と外交――なぜ冷戦は終結したのか

１９８０年代の後半は冷戦終結に向かう時期といってよい。１９８９年12月に地中海のマルタ島で開催された米ソ首脳会談、いわゆるマルタ会談で、当時のブッシュ（父）大統領とゴルバチョフ書記長は冷戦の終結を宣言した。冷戦終結が実現した要因の一つは、米ソ両国の「台所事情」に求められる。既述のようにソ連側の深刻な経済事情もさることながら、アメリカ側も80年代には「双子の赤字」（財政赤字と貿易赤字）を抱えていたからである。また、ゴルバチョフが登場したことによってソ連側の変革も進み、それに伴いアメリカ側も従来の対ソ封じ込めを終了できるようになった点も大きい。要するに、米ソ両首脳による直接的な対話ないしコミュニケーションが、今まで以上に実現しやすくなったからともいえる。

チェルネンコ書記長の死によって、１９８５年、ソ連の新しい指導者にゴルバチョフが就任した。その背景には、当時のソ連共産党指導部内で世代交代があったこと、共産党内保守派（ブレジネフ路線の後継者チェルネンコなど）と改革派（アンドロポフなど）の主導権争いの中で、チェルネンコの前任者アンドロポフに改革派としての能力や実績が認められていたことなどが挙げられる。就任当時54歳だったゴルバチョフは、新世代の代表として改革を実現しやすい立場にあった。このように、冷戦終結に貢献したゴルバチョフ書記長の登場は、まさにリーダーシップの要諦というべき「本人の資質・能力」と「それを活かせる環境・状況」の符合によるものといえた。

前述したとおり、ゴルバチョフによる改革路線はペレストロイカという言葉で表現される。それまでの計画経済を放棄する代わりに、市場経済や西側資本などを導入することで、停滞していた経済社会を活性化し、ひいては現行の共産党支配体制を維持することがその主な狙いであった。１９８６年頃から91年までの間に展開された代表的な経済改革として、貿易活動の自由化、西側企業との合弁企業設立認可、サービス業での個人営業許可などが挙げられる。また政治制度の面では、権力をそれまでの「党」から「国家機関」へ移すため、人民代議員大会の創設に加え、大統領制や複数政党制の導入などが実現した。また、86年に起きたチェルノブイリ原発事故をきっかけに、情報公開（グラスノスチ）もある程度進んだといわれている。

ペレストロイカの外交版ともいえる新思考外交は、軍備を国防上最低限度にすべきとする「共通の安全保障」、軍事面のみならず人権保障なども大切にする「総合的安全保障」や、環境保護などの「全人類的課題の重視」を、その理念的特徴とするものであった。そして実際の対外政策として、ブレジネフ時代に軍事侵攻していたアフガニスタンからの撤収をはじめ、アメリカとの軍縮協議（ＩＮＦ全廃条約調印）や、前述した東欧（市民）革命への不介入、つまりブレジネフ・ドクトリンの放棄などを指摘することができる。結果としてこれら一連の政策は、冷戦終結プロセスに大きく貢献する内容であった。

他方で、ゴルバチョフが登場する前の１９８０年代前半は、米ソ「新冷戦」の時代とされることが多い。隣国アフガニスタンでの親ソ政権打倒の動きと混乱を懸念したソ連が同国への軍事侵攻（介入）に踏み切ったことが、そのきっかけであった。そしてそれに対する西側諸国の反発から生じた「冷戦中の緊張緩和に続く、米ソ対立が新たに再燃した状態」を、この新冷戦は意味している。そして新冷戦は、ゴルバチョフの登場をもって一応終わりを告げる（冷戦終結へと向かう）ことになるのである。

ＥＣからＥＵへ――なぜヨーロッパは再び統合を深化できたのか

ヨーロッパ統合には「タテの発展」、すなわち加盟各国による主権の一部譲渡プロセス（統合の「深化」）と「ヨコの発展」、つまり加盟国の増加に伴う版図拡大（統合の「拡大」）という二つの側面がある。１９７０年代から80年代前半にかけての時期、統合深化に関しては悲観的に捉えられていた（ユーロペシミズム）。そうなったのは、世界同時不況に伴い各国が自国経済の立て直しを従来以上に優先せざるを得なくなったからである。因みに、こうした文脈から、西側諸国首脳同士で話し合う場としての第一回「サミット」（当時の呼称は先進国首脳会議）が１９７５年に開催されることとなった。

ところが、ゴルバチョフが登場したのと同じ１９８５年、フランス社会党出身の政治家ドロールが当時のＥＣ委員長に就任し「社会的なヨーロッパ」を目標に掲げると、それまで低迷気味だった統合深化の流れが勢いづくことになった。ドロール委員長は、ＥＣ域内でヒト・モノ・カネ・サービスなどの自由な移動を可能にする単一市場の完成を目標とした「域内市場白書」を打ち出している（１９８５年）。また、それに合わせて「単一欧州議定書」の発効（１９８７年）も実現し、加盟各国の外交・安全保障協力や政治協力をより制度化したり、単一市場の完成を踏まえた意思決定方式の改革を促したりすることにも成功した。そしてこうした流れが、ＥＣ（欧州共同体）からＥＵ（欧州連合）へのヴァージョンアップを事実上促す欧州連合条約、いわゆるマーストリヒト条約の発効（１９９３年）という形で結実するのである。

興味深いのは、ゴルバチョフ同様ドロールの場合も、リーダーとしての本人の資質や能力、あるいは熱意はもちろん、それを存分に活かせる環境が整っていたことを指摘しなければならない。１９８０年代後半から世界経済が好転し始めていたことに加え、韓国や台湾などのアジアＮＩＥｓ（新興工業経済地域群）に象徴されるアジア経済の急成長と、それに伴うヨーロッパ側の〝危機感〟といった構造的要因が味方してくれたことは否定できないからである。いずれにしても、世界経済の流れの変化や危機感が政治的リーダーシップのあり方とその成否に及ぼす影響を理解することも必要となる。

中道右派・新自由主義政権の誕生——なぜ保守が支持されるようになったのか

１９９０年代に中道左派政権を誕生させた背景の一つがこれである。80年代における欧米政治の大まかな流れは、新自由主義・新保守主義の台頭と、それに伴う福祉国家（後述）の見直しといってよい。

まずイギリスでは１９７９年にサッチャー保守党政権が誕生し、戦後福祉国家や「バツケリズム」（Butskellism）とよばれた、混合経済実現に象徴される保守・労働二大政党「合意の政治」を本格的に見直す動きが進んだ。サッチャー首相によるこうした一連の取り組みは、「サッチャリズム」とよばれる。これはサッチャーの個人主義的価値観をベースに、「自由経済」（自由競争市場の重視、民営化、緊縮財政、行政改革、規制緩和など）、そして「強い国家」（家族や国家、「法と秩序」の重視、対ソ強硬路線など）という二つの要素から構成されていた。サッチャリズムが登場し、当時の総選挙で一定の支持を集めた背景には、いわゆる「政府の失敗」（行政や資源配分の非能率化）に加え、俗に〃イギリス病〃とよばれたイギリス経済社会の慢性的停滞、さらには労働組合の強大化とそれらに対する国民の不満などがあった。こうしてサッチャー保守党政権は1990年まで存続し、アメリカのレーガン共和党政権とともに80年代を代表する新自由主義・新保守主義政権となった。

一方フランスでは社会党出身のミッテランが1981年に登場し、95年まで大統領を務めた。当初ミッテラン政権は、中道左派系ゆえ、イギリスとは逆に公共投資や福祉を拡充するなどケインズ主義的積極財政（大きな政府）を志向していた。ところが財政赤字やインフレを招いたうえ失業も悪化したことから、1982年頃より緊縮路線への転換を余儀なくされた。

そして1986年の総選挙では野党・中道右派系の勝利を許し、前述したとおりシラク首相とのコアビタシオン（保革共存政権）を初めて経験することになった。因みに、「大統領」と「首相」の所属政党が異なる〃ねじれ状態〃の出現を防止するため、2000年実施の国民投票結果と憲法改正に基づき、大統領の任期は7年から5年に短縮された。その結果現在では、同じ年に大統領選挙と総選挙を行うようになっている。

西ドイツでは、1982年から98年まで「同盟」を連立の主体とするコール政権が続いた。既述のようにコールの下でドイツ統一も実現したが、このコール政権ではドイツ伝統の社会的市場経済（政府の介入や社会集団によるケアも比較的重視する市場経済）を、「市場」にウェイトかけて再活性化していく動きが見られた。このように「市場」経済を中心とする一連の自由化政策によって、冷戦後グローバリゼーションやグローバリズムがますます進展する土台がつくられたといってよい。しかし自由化が浸透する反面、その反動で経済・社会格差や不平等が世界規模で拡大・定着していった面も否定できない。そのためにも、社会的市場経済の「社会」的側面を中心とした〃セーフティネット〟の再構築が必要不可欠となり、既述の中道左派政権誕生を後押ししたといえる。

2 相互依存時代の政治経済的変容

冷戦の緊張緩和と多極化――なぜ冷戦構造は変化していったのか

１９６０年代末から70年代にかけての時期は、東西冷戦下ではあったものの、実際には米ソ間でいわゆる緊張緩和（デタント）が進んだ。その結果、70年代の国際社会は多極化したともいわれている。デタントの背景として、国家間の経済的相互依存が以前より深まったことなどが挙げられる。さらにアメリカはベトナム戦争、ソ連は中国との対立など、両国それぞれ根深い問題を抱えていたこともあり、米ソ両国はこの時期に歩み寄って友好ムードを醸成し始めたと考えられるのである。それ以外にも多極化の要因としては、中国の核保有化、ＥＣの発展、いわゆる第三世界の存在感の向上、そして日本の経済大国化などが指摘できる。

こうしたなか１９７０年代には、ヨーロッパでも外交政策に変化が見られるようになった。例えば西ドイツでは、戦後初となる社会民主党のブラントを首班とする政権が１９６９年に誕生した。ドイツ社会民主党はその十年ほど前に党綱領を改正し、イデオロギーに拘る従来の姿勢を変えた結果、選挙での勝利・政権獲得維持を最優先するため幅広く支持を集める「包括政党」（catchall party）に脱皮していたのである。そしてブラントが展開した外交は東方外交として位置づけられている。これは、具体的には、東ドイツを孤立させる従来の政策を放棄して東ドイツとの政府間交渉に基づく人的交流を拡大するとともに、東欧諸国とも和解していくという新しい外交方針である。これによって東西ドイツ間の関係正常化も実現した。

フランスでもこの時期に外交政策の転換が見られた。英米嫌いで有名だったド・ゴール時代のフランスは、西側でありながらアメリカやイギリスとも距離を置く独自のド・ゴール外交が展開されていた。しかし1969年のド・ゴール引退後大統領に就任したポンピドーは、対米接近を行うとともに、それまでド・ゴールが拒絶していたイギリスEC加盟を認めるなど、それまでの外交方針を転換し、ド・ゴール外交の修正を実現した。

このように国内の経済事情や内政上の変化（包括政党化や政権交代など）がその国の対外政策に変化をもたらした結果、国際情勢の流れもまた変化していくことがわかる。したがって内政と外交、国内政治と国際政治、そして政治と経済、それぞれの間には〝切っても切り離せない〟密接な関係があるといえるのである。

70年代におけるアメリカの動揺と相互依存の高まり――なぜアメリカは弱くなったのか

「超大国」（superpower）ないし「覇権国」（hegemon）、つまり当時のアメリカ合衆国がとりわけ経済面で不安定になると国際社会全体も不安定になる。それを実証した出来事が、いわゆるニクソンショック（ドル・ショック）であった。1971年8月、アメリカ大統領ニクソンは、ドル防衛策として金とドルの交換停止を突然発表した。これに伴い「金1オンス＝35ドル」という固定相場制が廃止され、国際基軸通貨ドルを基本とするブレトン・ウッズ体制は大打撃を受けることになったのである。

ニクソンがこうした経済政策大転換に踏み切ったのは、戦後、覇権国として国際公共財を提供する役割を担い続けてきたアメリカの経済力が、ここにきて相対的に弱まってきたからである。その背景として冷戦疲れやベトナム戦争の泥沼化、あるいは経済大国日本などの存在を指摘することができよう。いずれにしても、とりわけ経済面で覇権国の国力が衰えると世界全体に不安と混乱が生じることがわかる。見方によっては、国家間の相互依存度が戦後それだけ高まってきたということでもある。

その後、1973年には第四次中東戦争が原因で第一次石油ショックが、そして1979年にはイラン革命（反米政権による宗教国家の誕生）が原因で第二次石油ショックがそれぞれ起こり、中東情勢の混乱とアメリカの相対的な威信低下も手伝って石油価格の上昇につながった。その結果、景気が低迷している（スタグネーション）にもかかわらず物価が上昇する（インフレーション）という現象、いわゆる「スタグフレーション」が生じた。前述したように、この当時ヨーロッパ統合の「深化」がなかなか進展せず悲観的に見られていたのは、こうした事情によるところが大きい。

ところで、相互依存状態が各国政治経済の変化に及ぼす一つの影響として、民主化の同時多発化という現象を指摘することができるかもしれない。戦後独裁体制を続けていたスペインとポルトガルの民主化が1970年代の同時期に実現したからである。

例えばスペインでは、1930年代以降フランコの独裁政権が40年近く続いていた。因みに、このフランコ政権・体制はナチス・ドイツのような「全体主義体制」ほどイデオロギー色や大衆動員性が強くなく、カトリック教会など伝統に依拠した静態的な独裁だった。そのため、スペイン国籍の政治学者リンスによって「権威主義体制」として概念化されている。フランコ体制は独裁ではあっても「反米」ではなかったことから、1975年にフランコ本人が死去するまで存続し、その後王政復古を実現して立憲君主制となった。

また、スペインの隣国ポルトガルでも民主化は見られた。スペイン同様1930年代から独裁政権の続くポルトガルでは、1974年の無血クーデタによって、いわゆる「カーネーション革命」が成功を収めている。

イギリス病とサッチャリズムの登場――なぜ福祉国家が見直されるようになったのか

社会国家ともよばれる「福祉国家」（welfare state）は、政府が積極的な社会政策や経済政策を実施することによって国民生活の安定と福利の増進を図る国家である。例えば政府によるケインズ主義的需要管理や完全雇用の実現をはじめ、各種保険制度や貧困救済も福祉国家の関連現象に含まれる［阿部・内田・高柳編 1999：380］。したがって福祉国家は「現代型政治経済システム」と言い換えることもできよう。

ニクソンショックによる混乱と石油ショックによるインフレ、そして１９６０年代の反動で生じた世界同時不況という経済状況下のヨーロッパでは、戦後定着してきた福祉国家や混合経済体制を見直そうと模索する国も現れた。その典型例が70年代のイギリスである。その背景の一つとして、60年代頃から「イギリス病」とよばれるようになった、イギリスの国際競争力低下などに伴う経済社会の相対的衰退および慢性的停滞を指摘することができる。そのイギリス病の原因にも様々な解釈があり、例えば福祉国家の充実に伴う労働者の勤労意欲の低下、旧態依然としたイギリス的生産システムの非能率性、あるいは強すぎる労働組合の存在といった国内的要因のほかに、戦後の西ドイツや日本などの高度経済成長と比較した相対的衰退という国外的要因も指摘されることが多い。もっとも最近の研究によると、「イギリス病」なる表現は、実は当時の政治的コンテクストが創出した一つの「神話」にすぎず、帝国の終焉という、覇権国からの凋落感が「衰退」や「病気」という感覚を強化していったとの見方も出ている［長谷川 2017：101］とされる。

１９７０年に実施された総選挙では、戦後福祉国家の見直しを提唱したヒース率いる保守党が労働党から政権を奪還した。ところが労働組合側の激しい抵抗に直面したほか、世界同時不況も加わって、満足な成果をあげることができなかった。そこでヒースは見直しを断念したので、ヒースの「Ｕターン」とよばれるようになった。ヒースは１９７４年２月に総選挙を行い、国民の判断を仰ぐことにした。与党・保守党は過半数割れしたものの政権は存続したのだが、やはり少数与党ゆえ途中で行き詰まり、同年10月に再度総選挙を断行した。その結果、今度は保守党がさらに議席を減らしたため、野党・労働党に政権が移ることになった。

僅差で勝利を収めた労働党だったが、その院内基盤は盤石ではなかった。そのため議会が混乱し、二大政党に対する不信や不満が高まっていたのが、この時期のイギリス政治の特徴である。野党となった保守党では、選挙に勝てないヒース党首や従来的な「合意の政治」に対する不満や批判が必然的に増大していくこととなった。

そうした状況下で、前述した新自由主義・新保守主義への支持を標榜する勢力が、とりわけ保守党内で勢力を拡大していくことになる。当初はパウエルやジョーゼフといった古参の保守党議員がその代表かつ新党首候補と目されていたが、二人とも失言などによって党首候補失格となってしまった。その結果、それまでほとんど無名に近かったサッチャーに〝お鉢〟が回ってきたのである。こうして１９７５年の保守党党首選挙でイギリス憲政史上初の女性党首、そして１９７９年の総選挙でイギリス憲政史上初の女性首相が誕生し、サッチャー政権とサッチャリズムを通じて福祉国家の本格的な見直しと解体の幕が上がった。

3　繁栄と模索

イギリスの場合――なぜ現代化を追求したのか

１９６０年代のイギリスは、ＥＦＴＡ（欧州自由貿易連合）の結成を主導するとともに、61年にはＥＥＣ（欧州経済共同体）への加盟申請を初めて行った。しかしイギリスのＥＥＣ加盟は当時のフランス大統領ド・ゴールによって拒絶され、結局イギリスが晴れてヨーロッパ統合の仲間入りを果たしたのは１９７３年のことである。これら二つは前述したイギリス病への対応策であったが、同時に１９５０年代にマクミランの保守党政権によって展開された「ストップ・アンド・ゴー政策」（景気が低迷している状況では、大型減税や積極財政で経済を刺激する。一方景気過熱気味の場合は、逆にデフレ政策で引き締める。これら二つを交互に実施する政策）の行き詰まりを打開するためでもあった。

その政治的影響は、政権交代と労働党の相対的優位という形で表れた。１９６４年総選挙で僅差ながらも保守党から13年ぶりに政権を奪還したウィルソン率いる労働党は、より安定した政権基盤を求めて66年にも再度総選挙を行い、議席増に成功した。

ウィルソン労働党政権が採用した政策は「現代化」とよばれる構造改革であった。経済面では、科学技術資源の有効活用に基づき新しいイギリスの創造を目指す「全国計画」を公約した。また社会面では、「寛容なる社会」の推進を掲げて、例えば妊娠中絶や男性同性愛の合法化（１９６７年）、死刑制度廃止（１９６９年）など、一連の社会リベラル政策が実施されたのである［長谷川 2017：82-83］。

しかしながらイギリス病完治というにはほど遠く、経済はなかなか好転しなかった。イギリスの国際競争力低下によって輸出不振となったうえ、軍事支出の増大や賃金切り下げの失敗などを通じて国際収支がさらに悪化した。その結果、１９６７年には不名誉なポンド切り下げに踏み切らざるを得なくなった。また構造改革に対しては、官僚のみならず身内の労働組合までこれに抵抗を示した。ウィルソン政権も二度目のＥＣ加盟申請を行ったが、再びド・ゴールの拒絶にあって挫折した。その結果、70年の総選挙でヒース保守党が政権を取り戻し、先述のとおりイギリス病の克服に取り組むことになった。

フランスと西ドイツの場合――なぜ仲良くなれたのか

１９６０年代のフランスはド・ゴール大統領の主導で、とりわけ米ソ両超大国に対抗してフランスの栄光を回復するための独自外交、先述したド・ゴール外交を展開した。その例として、前述したイギリスＥＥＣ加盟申請拒否、（後年の原発大国化にも影響したと思われる）核実験の成功、中華人民共和国の承認、アメリカ主導に反発してＮＡＴＯの軍事機構から脱退したことなどが挙げられる。ここから、ド・ゴール外交の意義を、冷戦構造多極化への貢献に求めることも可能であろう。内政上の変化が外交面の変化につながり、国際情勢全体の変化をもたらした典型例ともいえる。

ド・ゴール外交を支えていたのは、「ゴーリズム」とよばれるド・ゴール本人の個人的な政治理念だといわれている。一般に広義のゴーリズムは、フランスの国民的一体性を保持することによって、フランスの偉大さと栄光を復活させることとされる。このようなゴーリズムが形成された背景として、第二次世界大戦中対独レジスタンスを率いていたド・ゴールの経歴や、ヤルタ会談に招かれなかったことに対する米英ソ三大国への恨み（ヤルタの屈辱）なども関係しているかもしれない。それゆえ第二次世界大戦後、とりわけ米ソ冷戦時代の国際秩序「ヤルタ体制」に挑戦することがド・ゴール外交の原動力だった可能性は否定できない。中木［1987：34-35］は、このゴーリズムについて、フランスの偉大さを傷つけるあらゆるものに対する「否」（Non）の哲学だとしている。例えばナチスに対するNon、ヤルタ体制に対するNon、アングロサクソン主導の西側に対するNonというように。

こうして政治的外交的反骨精神を示し続けたド・ゴールであったが、かつての敵国ドイツ（西ドイツ）とは友好関係を築くことに成功した。前述したブラントによる東方外交以前の西ドイツは、基本的に西側諸国の一員として対米関係を基軸に、アメリカ主導の自由貿易体制を重視する立場（大西洋主義ともいう）だったといえる。その代表格ともよべるのが、ドイツ流社会的市場経済を実践した、「同盟」主体のエアハルト政権である。そしてエアハルトの前任者がアデナウアーであった。

戦後西ドイツ、ひいては現在のドイツ政治経済の基礎固めに貢献した初代連邦宰相アデナウアーと現在の第五共和政フランスの初代大統領ド・ゴールは、1963年に独仏協力条約、いわゆるエリゼ条約を締結した。これは戦後の独仏和解を確認する外交文書として知られる。同時に、ヨーロッパ統合を主導する独仏両国の特別な関係を基礎づけるものでもあった。この条約を通じて両国の若者の交流や共通の歴史教科書作成、あるいは独仏二カ国語放送局の開設などが行われたとされている。

では二人の指導下で、戦後のフランスと西ドイツはなぜ仲良くなれたのだろうか。二人は、ヨーロッパ統合に関しては考え方の違いも見られたが（主権重視で政府間主義のド・ゴール、超国家主義のアデナウアー）、ヨーロッパの平和と安定のためには、何よりも独仏両国が和解する必要性があるという共通認識をもっていたからである［富川 1999: 65-77］。加えて、戦勝国フランスが敗戦国西ドイツを導きながらヨーロッパ統合を推進することによって、「フランスを軸としたヨーロッパ統合に伴うフランスの威信復活、ヨーロッパ統合を利用した西ドイツの発展とその名誉回復」という形で、「ヨーロッパ統合」の存在と利用法をめぐり両国の利害関係が一致したことも大きいと考えられる。まさにヨーロッパ統合は、戦後の独仏和解だけでなく、ヨーロッパ全体の復興にも欠かせない存在となったのである。

イギリスのEC加盟——なぜイギリスはヨーロッパ統合の仲間入りをしたのか

ジョンソン保守党政権下でEUを離脱したイギリスが、当時のEC加盟を実現したのは同じ保守党のヒース政権下である。そして既述のように、ド・ゴール外交のカベに阻まれ失敗に終わったが、ＥＣ加盟前に数回、統合ヨーロッパへの加盟申請を行っている。

ＥＥＣ加盟申請を行って挫折したもののイギリス（マクミラン保守党政権）は、前述のＥＦＴＡを結成していた。その結果、１９６０年代の西ヨーロッパに、ＥＥＣとＥＦＴＡという二つの経済協力体が併存する状況が生じたのである。フランスと西ドイツを基軸とするＥＥＣ加盟六カ国はいわば「インナー６」のコミュニティ的存在であり、重商主義的かつ関税同盟的で、米ソにも経済的に対抗しようとする「大陸ヨーロッパ的」性格をもっていた。

それに対し、当時イギリスが主導したＥＦＴＡの七カ国は、主として工業製品の貿易自由化促進を目的とする「アウター７」のアソシエーション的存在で、いわばＧＡＴＴ（関税と貿易に関する一般協定）の精神に基づく自由貿易協定であり、その意味でも英米的性質を有していたといってよい。ここからも、ヨーロッパとイギリスの距離感のようなものを垣間見ることができる。

それでは、なぜ、この時期のイギリスは、ＥＥＣに代表される「統合ヨーロッパ」の一員になろうとしたのか。その背景として、イギリスのスエズ出兵失敗（１９５６年）に伴う外交的汚名をＥＥＣ加盟実現によって返上しようとした可能性を挙げることができる。また、かつての帝国・大国意識がなかなか抜けないチャーチル世代が政治の第一線からほぼ退き、若い世代の時代になっていたこと（世代交代の影響）も案外無視できないかもしれない。

そしてマクミランが、自国イギリスの価値観とは全く異なるＥＥＣに加盟を申し出た理由として、少なくとも以下の要因が考えられる。

・ＥＥＣ加盟によって国際競争力の強化や、それに伴う国内の経済成長が期待できたこと。
・冷戦当時のＥＥＣは「資本家クラブ」ともよばれていた。そのため西側のイギリスが加盟しても違和感がないうえ、対「東側」という観点から見ても、加盟がある意味当然視されたこと。
・第二次世界大戦後解体した「大英帝国」の代替物としてＥＥＣを利用したり、その中で中心的役割を果たしたりできるという楽観的な見方があったこと。

戦後国際的にも経済的にも〝落ち目〟のイギリスからすれば、超国家的ではない従来的政府間組織のＥＥＣには、「代用品」「経済的万能薬」「社会主義への障壁」という三つの役割と有用性が可能性として期待できたのであろう〔渡辺 2007：25〕。つまりイギリスのＥＥＣ加盟申請とは、相対的地位低下に苦しむ旧・覇権国の〝模索〟の表れともいえた。ところがこうした思惑を見透かしていたのか、イギリスの加盟申請は、フランスのド・ゴールによって全て一方的に拒否されてしまったのである。

ド・ゴールがイギリスの加盟を拒んだ理由として、イギリスは所詮アメリカの「トロイの木馬」にすぎない、非農業国イギリスはまだヨーロッパになっていないなど、もっともな理屈もあったと思われる。しかしやはり、フランス（プラス西ドイツ）の主導権がイギリスによって脅かされる危機感によるものであろう。ここからも、政治が様々な意味で「主導権争い」であることがわかるし、また危機感や情念（プライドを傷つけられた「ヤルタの屈辱」に対する本人の気持ち）といった、人間感情的側面も無視できないことがわかるのである。いずれにせよ、イギリスのＥＥＣ加盟申請拒否は、ゴーリズムに基づくド・ゴール外交の実践といえた。

なお、１９６０年代当時のヨーロッパ統合は、超国家主義の強化を志向するＥＥＣ委員長ハルシュタインと、それに反対したド・ゴールとの「対立」、ＥＥＣ側の改革提案に対する対抗措置としてフランスが実施した代表団ボイコット（いわゆる空席政策）による65年の「危機」、そしてその後の両者の「妥協」に基づくフランス代表団復帰（１９６６年）と、実質上ド・ゴール側の勝利（意思決定において加盟国の拒否権を事実上認めさせた）という経緯をたどる。そのため、65年に調印された機関合併条約（ブリュッセル条約）は二年後の67年になってようやく発効し、以後「統合するヨーロッパ」は、マーストリヒト条約によってＥＵへとリニューアル（１９９３年）されるまで、基本的にＥＣという通称でよばれるようになる。

4　冷戦、福祉国家、ヨーロッパ統合時代の本格的幕開け

ヨーロッパ統合の本格的歩み——なぜ１９５０年代にスタートしたのか

１９５０年代は、現在に至るヨーロッパ統合の歩みが本格的にスタートした時期といえる。ＥＣＳＣ（欧州石炭鉄鋼共同体）、ＥＡＥＣ（欧州原子力共同体）、そしてＥＥＣ（欧州経済共同体）のいわば〝ヨーロッパ統合三兄弟〟が、いずれも50年代に設立されたからである。これら三つの原加盟国はフランス、西ドイツ、イタリアのほかに、ベルギー、オランダ、ルクセンブルクの計六カ国であった。この六カ国を合わせた領域は、中世に教皇から「ローマ皇帝」の称号を授かった、フランク王国のシャルルマーニュ（カール大帝）の版図とほぼ一致する。また、オランダや西ドイツ北部などを除けば、いずれもカトリック的伝統の強い国が多いと思われる。

ヨーロッパ統合の出発点は、１９５０年当時のフランス外相シューマンが発表した「シューマン宣言」に求めなければならない。これは、フランスとドイツの永年にわたる対立を解消するため、両国の石炭と鉄鋼資源を共同機

関の下で管理するというプランを、フランス政府として公式に宣言する内容であった。このアイデアは「欧州統合の父」とよばれるモネの考えを土台としており、国家間の戦争防止のためにも国益や国家主権より「超国家主義」に基づいた国際機関、すなわち前述のECSC創設に結びつくことになった。

この考えに賛同した代表的な政治家が、当時西ドイツの首相だったアデナウアーである。彼もナショナリズムに固執するのではなく、今の西ドイツにとって最大の外交的利益は何かといった「可能性」を追求するタイプの政治家だったからであろう。こうして原加盟六カ国でECSC設立に関する「パリ条約」が1951年に調印され、翌年発効した。因みに、このECSCは「経済・技術」分野に限定された「超国家的部門統合の機関」として位置づけられる。外交や安全保障ではなく非政治的領域のみでの国家間統合、すなわち「加盟国の国家主権の一部制約」だったからこそ、比較的順調にスタートできたのであろう。もっとも、限定的とはいえ、国家主権の一部制約につながるECSCに温度差を感じて一定の距離を置くイギリスのような国もあった。

このようにECSCは、〝ヨーロッパ統合三兄弟〟の長男に該当するといってよい。その意義として、「仏―西独」間に不戦共同体を実現したこと（前述のエリゼ条約も参照）、今日のEUの制度的土台を提供したこと、超国家的統合というわば新しい実験であったこと、力による強制ではなく話し合いで成立したこと、そして何より米ソではなく、あくまでヨーロッパ主導で実現したことなどを指摘することができるであろう。

さらに、1957年に原加盟六カ国で調印された「ローマ条約」が翌年発効して、三兄弟のうち残る〝双子の兄弟〟、すなわちEAECとEECが創設された。この背景には、ECSCの成功（とりわけフランスと西ドイツの関係強化）のほかにも、54年における超国家的なEDC（欧州防衛共同体）設立の失敗、そしてECSC加盟六カ国での主導権争い（大国と小国）などがあったと考えられている。特にオランダ、ベルギー、ルクセンブルク三カ国は大国主導のヨーロッパ統合に危機感を強め、これら三カ国の外相たちがイニシアチブを取ってシチリア島のメッシーナでECSC六カ国外相会談、いわゆるメッシーナ会議が55年に開かれた。また、とりわけベルギーのスパーク外相が提出した「スパーク報告書」では、超国家的な「エネルギーと運輸の部門統合」と、政府間協力的な「共同市場などの一般的経済統合」の二つが主な目標とされたのである。ここにも政治の本質、つまり主導権争いの構図を垣間見ることができよう。

スパーク報告書で掲げられた目標は、ローマ条約に基づき、前者については、原子力の平和利用、核エネルギー生産の共同開発・共同規制を行うEAECの設立を通じて実を結んだ。一方、後者に関しては、合計六カ国の域内関税撤廃・域外共通関税設定による関税同盟に加え、共同市場（域内では国境を越えてヒト、モノ、カネ、サービスが自由に移動できる空間）づくりや共通の経済関連諸政策実現を目指す、従来的な国益や国家主権を尊重する国際組織EEC設立として実現した。ローマ条約によって産まれた〝双子〟の兄弟ではあったが、EAECはECSCと同じ「超国家的・部門統合」機関だったので、モネの考えに近い「加盟各国の国家主権を超越したヨーロッパ連邦主義」的性質をもっていた。それに対しEECはイギリスでも仲間入りしやすい「政府間協力的・一般統合」機関で、反対に「主権各国によるヨーロッパ連合主義」的性格を有していたともいえる。

このように、1950年代からスタートしたヨーロッパ統合プロセスは、国家主権や国益をめぐって「連邦主義対連合主義」の対立と主導権争いの構図で展開されていくことになる。ド・ゴールやサッチャーのヨーロッパ観は、明らかに連合主義であった。換言すれば、50年代におけるヨーロッパ統合開始のプロセスは、「思想」→「運動」→「実現」（制度化・組織化）、あるいは「構造的要因」×「偶然的要因」（モネ、シューマン、アデナウアー、スパークなどの存在）という図式で説明することが可能である。ではなぜ50年代にヨーロッパ統合は本格的にスタートできたのか。

それをさらに掘り下げて説明してくれるのが「構造的要因」であろう。これについては何よりも、普仏戦争をはじめ第一次世界大戦や第二次世界大戦の経験と影響（いずれも独仏両国間の対立）が大きかったことはいうまでもない。

しかしそれ以上に大事な要因として、1947年頃から冷戦が始まっていたことも挙げなければならないであろう。なぜなら、イデオロギーとそれに基づく政治経済システムが、西側のそれ（資本主義、自由民主主義体制など）と全く異なる東側のヨーロッパを、当時のソヴィエト・ロシア（スターリン・ロシア）が一括して面倒を見ることになったからである。つまり米ソ冷戦が始まったからこそ、同じ価値観に基づく西ヨーロッパ六カ国のみで団結しやすくなり、戦後復興や経済協力、ひいては国家間の統合も実現可能となったのである。そうした見地からすれば、今日に至るヨーロッパ統合の本当の〝父〟は、皮肉なことにスターリンだったのかもしれない。

では、なぜ冷静は始まったのか。それを説明する前に、西側の現代型政治経済システムともいえる福祉国家が、なぜ第二次世界大戦後本格的に定着するようになったのか、イギリスを例に挙げて説明してみることにしよう。

イギリスにおける福祉国家の定着——なぜ保守党は労働党の政策を否定しなかったのか

イギリスでは、第二次世界大戦を勝利に導いたチャーチルの保守党が1945年総選挙で敗北し、アトリー労働党政権が誕生した。第二次世界大戦におけるイギリス勝利の立役者チャーチルとその保守党が——意外にも——敗北した要因として、労働党の福祉国家建設策の方が戦後復興に適していると有権者によって判断されたこと、チャーチル保守党側の油断に加え、労働党に対するネガティブキャンペーンなどの影響も指摘されることが多い。さらに、世界恐慌以来第二次世界大戦終了まで連立政権を主導してきた保守党の（とりわけ失業対策面での）無策に対する有権者大衆の〝恨み〟・不満票が労働党に流れた可能性も否定できないのではないかと思われる。いずれにせよ、総選挙での大勝利を通じて本格的福祉国家建設のための正式な委任状が労働党に与えられたといえよう。

アトリー労働党が掲げていた政策理念は、福祉国家の建設や完全雇用の実現に努力するというものであった。前者の土台は１９４２年に公表されたいわゆる「ベヴァリッジ報告」で、ナショナル・ミニマム、すなわち国家（政府）が国民に保障する最低限の生活水準を確保するため、ＮＨＳ（国民保健サービス制度）などを提案する内容であった。また後者については、ケインズ主義的な考えに基づき、政府による積極的な財政出動を通じて経済に介入するとともに、石炭や鉄道など基幹産業を国有化するというものである。こうして、資本主義でありながら民間企業と国有企業を併存させる混合経済体制（資本主義の修正）が、戦後本格的にスタートしたが、福祉国家ならびに混合経済体制は、まさしく現代型政治経済システムとよぶにふさわしい。福祉国家という概念はナチス的「戦争国家」やソ連型「社会主義」国家と対比されることが多く、これらは全て広義の現代型政治経済システムといえる。しかしながら、現在の欧米諸国や日本で、政治史的にも政治学的にも重要な意味をもつのは、修正資本主義型の「福祉国家」である。

そしてイギリスでは、１９５１年に保守党が労働党から六年ぶりに政権を奪還したが、与党となったチャーチル保守党は、前労働党政権の政策をほとんど否定することなく受け継いでいった。それゆえ労働党のみならず保守党もまた、このような「集産主義」――生産や分配などの経済活動を国家（政府）が統制するシステム――を戦後容認したことで、イギリス型福祉国家の定着に一定の貢献をしたことになる。

では、なぜ保守党は、いわば〝政敵〟の社会民主主義政策を覆さなかったのであろうか。その理由として考えられるのは、自由放任主義の弊害を是正するため、社会主義というよりキリスト教的慈愛精神や家父長的温情主義に基づく社会改良を容認する土台が従来からイギリス保守主義に内在していた可能性である。また、当時は労働党に一定の期待が集まっていたことから、これ以上の社会主義化を阻止するには保守党が総選挙に勝って政権復帰すると同時に、一定の福祉国家政策もある程度容認するしかない、という現実的でプラグマティックな判断も作用していたと見てよい。

このように、戦後、福祉国家がより発展・定着していく背景には、第二次世界大戦による戦後復興の必要性と、東側諸国におけるソ連型社会主義拡大への対抗措置的側面があったのである。その意味では福祉国家の定着と発展も、東西冷戦の産物といえるかもしれない。

アメリカによる対ソ封じ込め策——なぜ冷戦が始まったのか

まず（東西または米ソ）「冷戦」（Cold War）とは、アメリカ合衆国などの西側資本主義諸国とソ連を筆頭とする東側社会主義諸国が、政治経済軍事あらゆる領域で対立し、緊張と緩和が続いた状態のことを指す。要するに、米ソ二大超大国のイデオロギー対立と国益衝突であると同時に、国際社会における米ソ主導権争いと見ることもできよう。Schmitt［1932：邦訳15］は、「友」と「敵」との区別こそ、政治的な行動や動機の基因となる特殊政治的な区別だとしているが、その意味でも冷戦は、政治現象の「闘争ないし抗争」的側面を表した概念といえる。

そして冷戦開始の直接的原因は、１９４７年にアメリカが発動した二つの対外政策、すなわち「トルーマン・ドクトリン」（イギリスに代わって、アメリカがギリシャとトルコを援助する）と「マーシャル・プラン」（アメリカの援助による大規模なヨーロッパ経済復興計画）という一連の「対ソ封じ込め策」の発動によるところが大きい。こうした動きにソ連側も反発して「コミンフォルム」（共産党・労働者党情報局）を結成するなど、これ以降東西両陣営が経済的軍事的にブロック化（二極化）していくことになったからである。そしてヨーロッパにおけるその象徴こそ、敗戦国ドイツの東西「分断国家」（ドイツ連邦共和国＝西ドイツ、ドイツ民主共和国＝東ドイツ）誕生（１９４９年）であった。

イデオロギーが全く異なる米ソ両国が対立関係に陥るのは、ある程度理解することができよう。では、そのきっかけはどこに求められるのか。その答えの一つが、第二次世界大戦後の国際秩序に関する協議を目的とした、連合国ビッグ３（米英ソ）三首脳――フランクリン・ルーズヴェルト、チャーチル、スターリン――による「ヤルタ会談」（１９４５年）である。ヤルタ会談の主な議題は、米英仏ソ四カ国によるドイツ分割占領やポーランドの領域変更、解放された地域での政治体制選択などであった。そしてこのヤルタ会談での合意に基づき生まれた戦後国際秩序は「ヤルタ体制」とよばれ、冷戦終結とともにその幕を下ろすことになる。

また、ヤルタ体制の意義は、米ソの台頭に伴うヨーロッパ側の相対的地位低下を決定づけた点（換言すれば、ヨーロッパ統合のきっかけの一つになったこと）であるが、それ以上に重要な点として、米ソ両超大国を軸とした「バランス・オブ・パワー」による世界平和維持、すなわち「パックス・ルッソ＝アメリカーナ」の誕生であろう。このことは、それまでの覇権国がイギリスからアメリカ合衆国へ完全に移行したことを示すとともに、覇権国に対抗可能な新たな「挑戦国」の座にソ連（ソヴィエト・ロシア）が就いたことを表すものであった。因みに、「パックス」（Pax）は平和という意味であるが、「パックス・ロマーナ」（ローマ帝国の力の支配に基づく平和）という言葉からもわかるように、大国の支配や軍事力、強国による力の押しつけで実現した平和という意味が含まれている。したがって、米ソ両国の、とりわけ軍事力の均衡に基づいた平和状態というニュアンスが込められていることがわかる。

ではなぜ冷戦が始まったのだろうか。元来ヤルタ体制は、理念的には米英ソ三大国の勢力尊重および協調体制に基づく国際秩序形成となるはずであった。ところが実際は、周知のように、米ソを主軸とする東西冷戦構造を意味する概念として用いられてきた。その背景には、米ソ首脳の相互不信の高まりがあった。そしてその源は、解放された東ヨーロッパ諸国の自由な政治体制選択をスターリンが認めなかったことに起因するところも大きい。その結果、先述した「対ソ封じ込め→冷戦開始」という流れになってしまったのである。

第3章 戦間期の民主化と二つの世界大戦

1 ナチス側から見た第二次世界大戦とその原因

ナチス政権の対外政策――なぜ戦争に邁進したのか

ここではヒトラーとナチス・ドイツの側に焦点を当てて、なぜ第二次世界大戦が起きたのか検討してみたい。

周知のように第二次世界大戦は1939年9月1日、ドイツ軍による突然のポーランド侵攻で始まった。もっとも「突然」とはいえ、そこに行きつくまでにはやはり伏線があったのである。ドイツ軍は当初ヨーロッパ各地で快進撃を続け、1940年にはパリが陥落してフランス第三共和政が崩壊するとともに、ペタンを首班とする親ナチス政権（ヴィシー政権）が成立した。これに対し、ロンドンに亡命して「自由フランス」を率いたド・ゴールは、対独レジスタンス運動を展開した。フランスのヴィシー政権は、ノルマンディー上陸作戦でパリが解放される1944年まで続くことになる。

国際連盟の脱退（1933年）、ザール地方編入と再軍備宣言（1935年）、ロカルノ条約破棄とラインラント進駐、スペイン内戦でフランコ側を支援（1936年）、ベルリン＝ローマ枢軸の成立（1936年）、オーストリア併合と「ミュンヘン会談」（後述）に基づくズデーテン地方獲得（1938年）、そしてチェコスロヴァキア解体と独ソ不可侵条約締結（1939年）――第二次世界大戦勃発に至るナチス政権の対ヨーロッパ外交は、あたかも既成事実の積み重ねのように思えてくる。さらに、これらの積み重ねを振り返ると、ヒトラーの掲げたある共通の目標および思想が明らかになってくる。

ヒトラーが掲げた対外政策目標、それはヴェルサイユ体制の打倒と、東方への領土拡張に伴う「大ドイツ」の建設であった。ヒトラーからすれば、この目標を早期実現するためには最終的に軍事侵攻、すなわち「戦争」という手段を選ばなければならない。しかしそうなると「ルール違反」ということで、第一次世界大戦後の国際秩序・ヴェルサイユ体制を維持しようとするイギリスやフランス（旧・連合国側）との戦争も避けられなくなる。こうして結果的に各国諸々の外交関係や利害関係も絡んで、人類史上二度目の世界大戦となったのである。

対独宥和政策の破綻――なぜ戦争を阻止できなかったのか

ナチス・ドイツ側はチェコスロヴァキアのズデーテンラントについて、これが最後の領土要求になると主張して同地方の割譲を要求した。その理由は、現地のドイツ系住民が他民族によって不当に迫害を受けているからというものであった。しかしこうした動きに不信感を抱いたイギリスとフランスは、1938年にミュンヘンでドイツ、イタリアと首脳会談を行った。このヨーロッパ四巨頭会談は「ミュンヘン会談」とよばれている。この会議にはソ連をはじめ、紛争当事国のチェコスロヴァキアさえ招待されなかったため、当初から大国主導（小国の犠牲）もしくはヒトラーのペースで展開していったと考えられる。

会談でヒトラーはソ連の脅威や反・共産主義などを訴え、ドイツへのズデーテンラント割譲を英仏側に要求した。これに対し、イギリスの代表ネヴィル・チェンバレン首相とフランスのダラディエ首相はチェコスロヴァキアを説得し、しぶしぶヒトラーの要求を受け容れたのである。このように、小国を犠牲にしてヒトラーとドイツを宥めることによって戦争を回避しようとする政策を対独「宥和政策」という。

その結果ヒトラーは、要求が認められたとして即座にズデーテンラントに軍を進駐させた。しかしヒトラーは、今後さらに強く出ても英仏は介入してこないと判断して強硬な手段に及んだ結果、チェコスロヴァキアの解体、ポーランド侵攻、そして英仏の参戦へと至る。

ミュンヘン会談から帰国したチェンバレンは、空港に出迎えた人びとの前でミュンヘン協定のコピーを手にかざし「平和が確保された」と語ったが、結局この後、ヒトラーに騙されたことを知るのである。対独宥和政策は完全な失敗に終わった。

チェンバレンの対独宥和政策は失敗に終わったが、英仏両国民はミュンヘン会談の結果を支持していた。小国を犠牲にしたとはいえ、全面戦争の危機が（一時的だったにせよ）避けられたからであったが、他方でヒトラーが共産主義の脅威や反ソを名目にしていたことも軽視できない。それによって資本主義国イギリスも、ソ連の脅威と戦争の可能性を同時に回避することが期待できたからである。その意味で、スターリンとソヴィエト・ロシアの存在はここでも重要な意味をもっていたといえよう。

ヒトラーの対外政策の思想的根拠——なぜ東方を目指したのか

では、ヒトラーの掲げた目標のベースとなる思想は一体何だったのであろうか。ヒトラーの自著『わが闘争』（*Mein*

Kampf）の内容を解明することによって，なぜ彼が東方への領土拡張を求めていたのか，ある程度明らかになると思われる。

１９２０年代に刊行された『わが闘争』，そしてその内容を分析した山口［1988：101-106］によると，ヒトラーの対外政策の核心は，ドイツ民族生存の可能性イコール新しい「生存圏」の確保にあった。生存圏とは，国家が自給自足によって国民を養っていくうえで不可欠な領土ないし政治的に支配された地域をいう。生存圏確保のためと称することで侵略戦争も正当化できるわけだが，そもそもこの政策の出発点ないし背景は何なのか。それは，毎年増え続けるドイツ国内の人口であり，限られた国内領域で人口増加に伴う諸問題を解決できなければドイツは国家として破局を迎えるかもしれないという危機感があったとされる。

ではなぜ，ドイツから見て「東方」，すなわち東ヨーロッパ諸国が生存圏の候補地に，換言すれば侵略の対象地域となるのか。ここで山口［1988：101-106］はヒトラーの考えを要約し，以下四つの方法ないし選択肢が当時あったと説明する。一つ目はフランスを真似て産児制限を行うことである。しかしヒトラーによると，民族の活力が失われるからこれは採用すべきでないとされる。二つ目は国土開発を行う方法であるが，これだと国民が平和に馴れてしまい生存競争に生き残れないとされる。三つ目はイギリスを真似て強大な海軍を保有し，世界規模の植民地で構成される帝国を建設し，そこにドイツ製品を売り込むというものである。しかし，これを実行しようとしてイギリスと衝突し，敗北したのが第一次世界大戦（帝政ドイツの失敗）だったとヒトラーは見る。

それゆえヒトラーの四つ目の考えによると，ドイツはイギリスとの競争や衝突はなるべく避けるべきで，イギリスと同盟を組むか少なくともイギリスを中立化して，（ヒトラーからすれば）英独共通の敵，すなわち社会主義国家ソヴィエト・ロシアを牽制するためにも，ドイツが東ヨーロッパを侵略していわゆる東方大帝国を建設する必要があった。したがって消去法に基づけば「西より東」、最後の選択肢を実行に移すしかないということになる。

これを見る限りヒトラーの考え方には、少なくとも二つの特徴があるといえる。第一に、当時の日本の満蒙政策同様その根底には、両国が抱えていた深刻な人口・食糧問題があったという点である。イギリスやフランスのように広大かつ世界的な植民地をもたないドイツと日本共通の〝悩み〟ともいえるであろう。もちろん世界恐慌による深刻な失業問題も、そこに追い打ちをかけたことは間違いない。第二に、ドイツという国家の地理的環境、すなわち中央ヨーロッパならではの地政学的条件にも影響されていた可能性が高いという点である。軍事面での二正面作戦のように、常に東部と西部を注視しなければならない〝中欧〟ドイツならではという面があったことは、やはり否定できないであろう。

2　全体主義台頭の政治経済的要因

ナチス政権の成立――なぜナチ党は政権を獲得できたのか

ここで「国民社会主義ドイツ労働者党」（Nationalsozialistische Deutsche Arbeiterpartei）、いわゆるナチ党あるいはナチスの内政に関する特徴を振り返っておこう。

ワイマール共和国（ワイマール・ドイツ）時代の１９３２年７月に行われた総選挙で、ナチ党は相対多数第一党に躍進した。世界恐慌の影響がとりわけ深刻だったドイツでは、小党乱立状態（分極的多党制）に伴う政界の混乱が激しく、議会の力で安定した連立内閣すらつくれない状況であった。そのため、１９３０年以降いわゆる「大統領内閣」（Präsidialkabinett）が相次いで成立していた。大統領内閣とは、議会が混乱し多数党が内閣を形成できない場合、国家元首たる大統領が憲法の規定などに基づいて首相を任命し組閣させることで成立した内閣を指す。憲法の規定に基づくので合法的ではあるが、議院内閣制の基本である「議会の信任」によらず、大統領の権限や権威に依拠して成立した内閣という点が、その特徴であり問題点であろう。大統領ヒンデンブルクは、共産党よりはナチスのほうがまだ〝マシ〟と考え、あるいは〝暴れん坊〟ヒトラーに手綱をつけておくため、総選挙結果なども考慮して、ナチ党の党首ヒトラーを首相に任命したと考えられる。その結果１９３３年1月、ヒトラーは首相に就任したが、この時成立したヒトラー内閣はナチ党と右派系政党の連立政権であった。

首相となったヒトラーは、共産主義勢力を叩くという目標を立て即座に解散総選挙に踏み切った。選挙運動期間中起きた国会議事堂放火事件の犯人をドイツ共産党員の仕業と決めつけたヒトラーは、この１９３３年3月の総選挙で議席をさらに増やすと、いわゆる全権委任法を提出し議会で成立させた。これはワイマール憲法の事実上の停止といっても過言ではない。

このように「選挙」という民主的手続き・プロセスに基づいて政権を獲得したヒトラーは、その後政党新設禁止法を通じてナチ党一党独裁を正当化したり、国内各州の議会や主権なども廃止（連邦制を否定）したりするなど、法治主義に基づき、（暴力や恐怖も併用しつつ）合法的にナチ党一党独裁体制を形成していくことになる。そして高齢のヒンデンブルク大統領が１９３４年に死去すると、首相のヒトラーが大統領職も兼ねることで、最高指導者を意味する「総統」（Führer）に就任した。こうして名実ともに、ナチス・ドイツ（ヒトラー・ドイツ）の時代が始まったのである。

ヒトラーないしナチ党の独裁は、現行のワイマール憲法を骨抜きにすることによって新たな体制秩序を生み出す独裁といえる。前出のシュミットによれば、「主権（超憲法的）独裁」に分類される。また、ヒトラーの政治的リーダーシップは「投機的リーダーシップ」〔高畠 1987：80-81〕の典型とされることが多い。これは、不況など社会の閉塞状況において登場しやすく、カリスマ的なリーダーが大衆の不満をスケープゴートや暴力、対外侵略戦争など投機的な手段によって、一時的かつ一気に解決したりする場合に見られるものである。しかし長続きしないケースが多いともいわれている。

では、ヒトラーとナチ党の「ナチズム」(Nazism) は、なぜ当時ドイツ国民の多くから支持されたのであろうか。

大衆の基本的性格と大衆デモクラシー――なぜナチズムは大衆に支持されたのか

ナチズムが選挙で支持されるようになったのは、当時ドイツ国民の多くが抱える現状への「不満」や既成政治への「不信」、あるいは将来への「不安」を巧みに利用することに成功したからである。Kolb〔1986：邦訳261〕によると、とりわけ1930年代以降のナチ党主要支持基盤は、そのイデオロギーに共鳴するあらゆる国民階層(ホワイトカラー、労働者、農民、官吏、自由業者、主婦、若者、老人、プロテスタント、失業者など)に幅広く及んでおり、まさに国民政党的性格が同党に備わっていた点が指摘されている。こうした人びとは、いわゆる「大衆」と考えてよい。そして普通選挙制への移行に伴い選挙権(参政権)を獲得したことから(大衆デモクラシー)、大衆は生存権の保障や一連の福祉などを政府に要求するようになり、為政者側も革命を恐れて、あるいは選挙で当選を果たすため、そうした大衆の要求をもはや無視することはできなくなってしまった。

一般に大衆とは、財産と教養をもたない普通の大勢の人びとを指すが、なぜ大衆はナチズムを支持しやすくなるのか。その理由として、ヒトラーをはじめとするナチ党が宣伝を通じてわかりやすいメッセージや一定の〝魅力〟を大衆に発信できたこと、失業問題の解決やドイツの国際的地位向上に貢献したと思わせることができたことなどが考えられる。また、複雑な現代社会において相対的に無力感や不安感、孤独感に苛まれやすいとされる大衆は、安定や安心を求めて周囲の流行に流されやすい。しかも自分より弱い存在には加虐的態度になりやすい（例えば当時のユダヤ人に対するスケープゴートに加担した）とされる一方、ヒトラーのような一見強そうな指導者の命令には喜んで従う傾向があることもよく指摘されている。

したがってナチズムというのは、まさに現代社会の主役である大衆と大衆デモクラシーの中から民主的かつ合法的に生まれた病理的政治現象といえるのである。では、ファシズムとナチズムはどのように異なるのであろうか。

両者ならびにスターリン時代のソヴィエト・ロシア（スターリン体制）は、左右イデオロギーの違いはあっても、どちらも「全体主義」の政治もしくは全体主義体制として分類できる。全体主義とは、第一次世界大戦やロシア革命以降登場したと考えられ、イデオロギーとマスメディアを活用して人びとの私生活にまで介入したり思考や行動パターンを規定したりするような政治のことである。Dahl［1973：邦訳11, 43-44］のポリアーキー論で示された「包括的抑圧体制」（国民に対する公認の政治的動員や包摂が高度に組織化されているものの、政府への公然たる反対や公的異議申立ては一切認められず抑圧されている体制）も、まさしく全体主義体制といってよい［篠原 1986：7-11］。

ファシズム（fascism）はイタリア語の「力と団結・結束」を意味する言葉が語源となっており、狭義ではイタリアのムッソリーニが展開した運動や体制を表すが、広義においてはドイツのナチズムをはじめ、同時期に発現した超国家的軍国主義や独裁体制などを指している。

そしてファシズムのヒトラー・ドイツ版ともいうべきナチズムは、ドイツでナチ党が展開した一連の思想や運動、体制を意味しており、そのドイツ的な特徴としてゲルマン民族やアーリア人種の優秀さと世界的使命を強調したり、反・ヴェルサイユ体制、反・ワイマール体制、反・ユダヤ主義、反・議会制民主主義など「反・〇〇主義」を掲げたりした点をその特徴としている。したがってイデオロギーとしては合理性や体系性よりも神秘性を重視しており、運動としては大衆を基盤とする「下からの」運動であり、体制としては権威的な指導者の存在が不可欠な「独裁」(「専制」とは異なり、マスメディアなどを利用した上からの大衆操作によって大衆の支持を調達し、実施される専断的支配）になりやすい。

いずれにしても全体主義は、イデオロギーの左右を問わず、人間の生活パターン全てを上から動員・統制し、多元性や多様性を認めない政治である。だとすると、同時期（1930年代）のイギリスやフランスで、このようなファシズム国家ないし全体主義体制が形成されなかったのはどうしてなのであろうか。

市民社会的伝統の意義――なぜイギリスとフランスでは全体主義が成立しなかったのか

世界恐慌の影響はイギリスやフランスにも大きな打撃を与えた。そして両国でも「下からの」大衆運動に基づくファシズム的動きが全くなかったわけではない。ただイタリアやドイツと異なり、体制として完全に定着せずに済んだだけともいえる。後に触れるように、英仏両国の共通点として、市民革命とそれに基づく近代市民社会をいち早く経験していたという事実が挙げられる。近代市民社会は、自由な競争に基づく多元性豊かな社会であり、そうした伝統が英仏両国に根強かったことも確かであろう。そこでここでは、世界恐慌が生じた後（主に1930年代）のイギリスとフランスの動きを簡単に振り返っておこう。

まず二大政党の競合政治が常態化していたイギリスでは、一種の大連立ともいえる挙国一致内閣を成立させて、世界恐慌という難局を乗り切ろうとした。しかしその主導権を握ったのは保守党のボールドウィンと労働党のマクドナルドという二人の首相であった。この時期のイギリスでは、伝統的な金本位制からの離脱や自由貿易の放棄（保護貿易政策に基づくブロック経済への大転換）といった〝自国産業ファースト〟でしかも〝イギリスらしくない〟政策が、やむを得ず実行に移されていた。しかし大不況に伴う税収不足から、政府としても失業手当などの削減ないしカットに踏み切らざるを得なくなったため、とりわけ労働党はその支持基盤との関係上深刻なジレンマに陥ったと思われる。それでもファシズムは根づかなかったが、この時期に自由党の役割が終わると同時に、労働党が現実的穏健政党として戦後さらに発展する土台が築かれたといえよう。

次にフランスでは、世界恐慌に伴う社会不安に加え、議会政治の混乱と無力、さらにはイギリス以上に深刻な国内右翼勢力の台頭によって第三共和政が圧力と揺さぶりを受け続けた。そうした右翼勢力による代表的な「共和政攻撃」事件として、「政治とカネ」の問題で疑獄事件となったスタヴィスキー事件（1933年）や、反政府デモの二月六日事件（1934年）などがある。このような主に「右翼」側からの反・共和政府的圧力から共和政を守るべく、社会党や急進社会党、共産党など「左翼」系政党を中心に結成されたのが「人民戦線」（反・ファシズム統一戦線）であった。この場合「左翼」といっても、共産主義を目指すというよりは、社会主義的な方法で第三共和政とその議会制民主主義を擁護することにウェイトを置くものであった。そして「パンと平和と自由」という人民戦線綱領を掲げ1936年総選挙で圧勝した人民連合全国委員会の諸政党は、社会党党首ブルムを首班とする「人民戦線内閣」を成立させた。

ここで実施されたいわゆる「ブルムの実験」には、労働者や農民の保護（パン）・軍需産業の公有化（平和）・極右団体への解散命令（自由）などが含まれていた。因みに、同じ1936年には第二次世界大戦の前哨戦ともよばれるようになった「スペイン内戦」が起きており、後年独裁者となったフランコを中心とする反・政府勢力（地主、大資本、カトリック教会など）が、ヒトラーやムッソリーニの支援を受けながら、アサーニャ率いる人民戦線内閣を攻撃していた。逆に英仏両国は、ソ連の影響力拡大を警戒しており、国内世論も戦争を望まなかったので、この内戦への不介入を決定している。

ブルムの実験は、その後共産党に不信を抱いた急進社会党（後述）が離脱して政府そのものが弱体化したり、効果がさほど出なかったりしたため、結局挫折してしまった。それでもファシズム勢力による支配をフランスが阻止できたのは、共和政を守り抜こうとする勢力の粘り強い抵抗によるところが大きい。外国から与えられたのではなく、市民革命などを通じて『自分たちで勝ち取った自由や民主主義』がいかに重要であるかを物語っているといえよう。なお、世界恐慌に対するアメリカ合衆国の対応については次節で触れることにしたい。

3　福祉国家と民主化をもたらした世界恐慌と第二次世界大戦

世界恐慌とニュー・ディール政策――なぜ世界恐慌はアメリカから始まったのか

１９２９年10月24日木曜日、ニューヨーク・ウォール街の株式取引所で生じた株式大暴落は、社会主義国ソ連などを除く資本主義諸国全体に広がった。当時アメリカ大統領だったフーヴァー（共和党）は、これを周期的な不景気と捉えたため、対応が後手に回ったともいわれている。しかしこの大不況は１９３６年頃まで続くことになり、その結果イギリスやフランスの自国産業保護政策導入（ブロック経済化）や、挙国一致もしくは人民戦線による連立内閣の形成などによって、これまでの政治経済システムは大きく変化した。また、ドイツなどのように、極端なナショナリズムや前述のファシズム（ナチズム）が台頭したりする要因にもなった。その意味で世界恐慌は、現代型政治経済システム（福祉国家）の確立という流れに〝棹さす〟役割を果たしたと同時に、十年後の第二次世界大戦勃発の遠因をつくったといえよう。

世界恐慌がアメリカ合衆国から始まったのはなぜだろうか。その背景として、ヨーロッパが主戦場となった第一次世界大戦の終結後、アメリカが世界最大の債権国になったことがまず挙げられる。つまり世界経済がアメリカ経済依存体質に変化していたので、アメリカ経済の破綻が世界中に飛び火することになったのである。とはいえ、1920年代も後半になると、大戦の影響を受けていたヨーロッパの経済も復興が進んできた。そのため、アメリカ側も以前ほど〝うかうかしていられない〟状態となっていた。さらに20年代のアメリカは空前の好況に沸いていた。そのため企業が過剰な資本投資や設備投資を行い、農産物も生産過剰に陥っていたとされている。

しかしこうなると、やがて「作りすぎたけど売れなくなる」のは当然で、アメリカでは農産物価格の下落から、まず農業不況が始まった。農家の収入が減少し、国内の有効需要（購買力を伴う需要）も低下した結果「買いたくても買えない」状況が続くことになる。また、過剰な投機に伴い、1929年の春から夏にかけては株式投資ブームで景気過熱のピークを迎えていた。そうしたこともあって、後はいずれ下がっていくだけの状態となっていたのである。

いずれにしても、企業による生産縮小→失業者増大→購買力の減退→さらなる生産縮小という悪循環に陥るなか、1931年にアメリカ政府は戦債や賠償金支払いを一年猶予するというフーヴァー・モラトリアムを実施したが、効果は得られなかった。そして1932年の大統領選挙で民主党のフランクリン・ルーズヴェルトが勝利を収めた結果、「新規まき直し」を意味する「ニュー・ディール」政策が1933年から開始されたのである。

ニュー・ディール政策はいわゆる〝三つのR〟、すなわち救済（Relief）、回復（Recovery）、そして改革（Reform）を理念として掲げており、経済復興と社会保障を政策の二本柱としていた。従来とは異なり、大幅な財政出動によって公共事業を起こし、雇用を創出して購買力の回復を目指すと同時に労働者も保護するという内容で、政府の介入による統制と保護を軸とした、当時としては革新的な内容であった。そのため、いわゆる「小さな政府から大きな政府へ」の移行や修正資本主義、そして福祉国家などに象徴される一連の現代型政治経済システムの確立にもニュー・ディール政策は貢献したといってよい。また外交面でも、例えばキューバの独立を承認するなど中南米諸国を対象とした善隣外交をはじめ、対ソ関係を修復するなどいわゆる「ニュー・ディール外交」が展開されたのである。こうしてアメリカでも、従来以上に大統領と行政部の果たす役割が重要かつ大きくなっていった。そして、こうした傾向を世界恐慌以前から強める役割を果したのが、第一次世界大戦である。

人類史上初の総力戦——なぜ第一次世界大戦によって民主化が進展したのか

第一次世界大戦後に民主化が進展した理由は、第一次世界大戦に勝利した連合国側が相対的に民主国家だったためである。また、同大戦が人類史上初の「総力戦」、すなわち単なる軍事力だけでなく国家の様々な資源全てを動員し、国の総力をあげて展開される戦争となった点も大きい。第一次世界大戦後に生じた「民主化」の代表的な動きとして、女性への参政権付与、そして労働者階級の政治的重要性の向上などが挙げられる。

民主化の例を見てみると、敗北した帝政ドイツでは11月革命（後述）が生じ、（外見的）立憲君主制から共和制へレジーム・チェンジした結果、当時最も民主的な憲法とされたワイマール憲法に基づくワイマール共和国（ワイマール・ドイツ）が誕生した。周知のようにワイマール憲法は、20歳以上の男女普通選挙制に基づく国民主権や、自由権はもちろん生存権や労働権なども保障する画期的な憲法であった。他方で、現在のフランス第五共和政同様「半大統領制」を採用しており、直接選挙で選出された大統領にも緊急措置（命令）権など一定の強い権限を与え、社会が混乱した場合は大統領が非常大権的措置を実施できるようにもなっていた。こうした規定が、後年、大統領内閣成立の根拠となったことは既述のとおりである。

1920年代後半から世界恐慌までのワイマール・ドイツでは、大衆デモクラシーに基づき、〝嵐の前の静けさ〟のような状態にあった。重い賠償金の負担はあったにせよ、通貨改革（デノミネーション）よって国内のインフレを克服して賠償金を支払っていくという「履行政策」が実施された。その結果、経済も安定を見せ始め、フランスとの関係も正常化して、ドイツは国際連盟に加入することとなった（1926年）。アメリカ資本もドイツの経済復興援助に乗り出すようになったので、ドイツの国際協調（西方）外交は一定の成果を収めたといってよい。このような一連の対英米協調路線外交は、当事者の名前から「シュトレーゼマン外交」ともよばれている。また、経済安定と平和外交の関連性なども垣間見ることができよう。

因みに、ドイツ国内の右派は履行政策やシュトレーゼマン外交に当然反発しており、1923年にヒトラーが起こして失敗に終わったミュンヘン一揆（投獄されて、『わが闘争』第一巻を口述筆記させたとされている）もこれに関係している。出獄後ヒトラーは、暴力による非合法路線から、大衆の心理をつかみ選挙で勝利することによって政権を獲得していく合法路線に方針転換したとされている。そして世界恐慌は、ワイマール・ドイツの大衆デモクラシーがデモクラシーを否定し、ナチズムを台頭させるきっかけの一つにもなったのである。

一方、勝利を収めた連合国側でも民主化は進展している。例えば女性の選挙権はイギリスで1918年、アメリカでは1920年に認められるようになった。もちろん第一次世界大戦勃発以前から、婦人参政権要求運動は様々な形で展開されてはいた。結果的に第一次世界大戦が総力戦となったため、戦争中戦場へ赴いた男性に代わって女性が軍需工場などで働くようになり、戦争に勝利した効果も加わって女性にも参政権が認められるようになったとされることが多い。

また、総力戦体制となったことで国内の労働者階級が一人の「国民」として大戦にも積極的に関与するようになった。その結果戦争に勝利したイギリスなどでは、労働者階級に選挙権がさらに付与されたり、労働党がさらに発展したりするなどして、大衆デモクラシーが一層定着していった。そうなると、新たに選挙権を獲得した女性や労働者階級の人びとも選挙やその他の方法で（例えば、利益集団・圧力団体の諸活動などを通じて）政府に様々な要求や主張を行うようになる。その結果、とりわけ為政者側もそうした〝有権者〟の声に耳を傾けサービスを拡充せざるを得なくなり、結果として「小さな政府」から「大きな政府」への転換、すなわち福祉国家化や行政国家化が進展していくことになったのである。同時に、その反動で「議会主義の危機」とか「議会制民主主義の形骸化」とよばれる現象が指摘されるようになったのは皮肉でもある。

勝者・大国の世界支配——なぜヴェルサイユ体制はナチズムを阻止できなかったのか

ナチズムの目標の一つは、既述のように「ヴェルサイユ体制」の打倒であった。第一次世界大戦後、つまり戦間期（1920年代～30年代）の国際秩序をヴェルサイユ条約の名前に因んで「ヴェルサイユ体制」とよぶ。そしてこの体制をつくったパリ講和会議の性格から、ヴェルサイユ体制の本質や問題点も読み解くことができる。

勝者・連合国主導で開かれたパリ講和会議の主役ビッグ3は、アメリカのウィルソン大統領（民主党）、イギリスのロイド＝ジョージ首相（自由党）、そしてフランスのクレマンソー首相（急進社会党）であった。この三者のタイプを分類すると、理想主義のアメリカに対し現実主義のイギリス、フランスという構図になる。ウィルソンの理想主義についてはよく知られている。国際連盟創設に象徴される新しい国際秩序は、勢力均衡から集団安全保障による国際協調主義への大転換を意味するものであった。

しかしそれも一皮むけば、フランスなどに代表される対独リベンジによる報復や制裁（敗戦国ドイツの復興阻止）、あるいは未公認のソヴィエト・ロシア（ボリシェヴィキ政権）封じ込めに象徴される反・共産主義の立場を、言い換えれば国益と国益の衝突、国家間の主導権争いをベースとしたものだったのである。後年、大衆デモクラシーや世界恐慌によってワイマール・ドイツからナチス・ドイツが誕生したのも、その出発点は、こうしたタテマエ（理想主義）とホンネ（現実主義）を本質とするヴェルサイユ体制の〝二面性〟に求めることができる。

いずれにせよ、勝者・大国の論理で形成された国際秩序（世界支配の仕組み）は、権力をめぐる「抗争」とその勝者による「統合」のための基本的枠組みということができるだろう。加えて、リーダーの思惑や個性もまた、案外大きな影響を及ぼすものなのかもしれない。

4　ドイツ革命、ロシア革命、第一次世界大戦

ドイツ革命――なぜドイツ11月革命はロシア革命のような展開にはならなかったのか

帝政ドイツからワイマール・ドイツへの大転換、すなわちドイツの民主化を促したのは、既述のように11月革命（ドイツ革命）と第一次世界大戦の敗北であった。1918年の11月頃から生じたこの革命のきっかけは、キールの軍港で起きた水兵たちの反乱である。厭戦ムードの状況下で反戦的な水兵と一部の労働者たちは「レーテ」（Räte）とよばれる労兵評議会組織を自主的に結成し始めた。やがて全国に拡大していくこのレーテは、ドイツ版ソヴィエトともいうべき存在で、革命当初は主役のような役割も担っていたと見られる。休戦と皇帝退位が要求されるなか、政府は皇帝ウィルヘルム二世をオランダに亡命させて皇帝退位宣言を余儀なくされた。こうして帝政ドイツが崩壊

するとともに休戦協定が成立し、第一次世界大戦は帝政ドイツなど同盟国側の敗北によって幕を下ろしたのである。

このように、当初11月革命の主役はレーテだったので、同革命は「下からの」革命という形で始まったといえる。周知のように１９１７年にはロシア革命が起きていたので、その影響は少なくないであろう。しかし結局、後述するロシア革命のような方向には行かず、ワイマール憲法制定に伴うワイマール共和国の成立に至った。では、なぜこの革命は、ロシア革命のような展開にはならなかったのだろうか。その理由として、ロシア革命におけるレーニンのような優れた革命指導者が不在だったことが考えられる。またそれ以上に、革命の激化を恐れたドイツ支配層の動きにも注目する必要がある。具体的には、ドイツ社会民主党右派の指導者エーベルトの果たした役割が大きいと思われるからである。

大戦には協力したものの、皇帝退位後は共和制樹立の中心人物となったエーベルトは、社会民主党内少数左派のスパルクス団の暴動を鎮圧した後、レーテを主体とするソヴィエト的会議体ではなく、国民議会の創設を目指す臨時政府の代表（臨時大統領）に就任した。こうして、エーベルトに代表される社会民主党の主導で１９１９年には新しい国民議会の選挙が行われ、社会民主党などを主体とする「ワイマール連合」諸政党（新憲法制定推進派）が勝利を収めた。その結果シャイデマン連立内閣が成立し、新憲法（ワイマール憲法）が制定される運びとなったのである。最終的に革命の主役は、「レーテ」（少数幹部による独裁を志向）から社会民主党（議会制民主主義に基づく共和政や、社会民主主義に立脚した福祉国家化を志向）などの「政党」や「議会」に移ったともいえるであろう。したがってドイツ11月革命は、途中で「上からの」革命に変質したことがわかる。

では、なぜ社会民主党が革命後半の主役となったのか。ドイツ国内で労働者階級の政治的重要性が増していたこと、戦争に敗れたとはいえドイツ支配層がロシア革命の影響（プロレタリア革命化、それに伴う私有財産制廃止の可能性など）

を恐れていた可能性があること、そして帝政ドイツが帝政ロシア以上に――今日から見れば未熟だったとはいえ――立憲主義をそれなりに経験していた点を指摘することができよう。

このように1919年のワイマール憲法とワイマール・ドイツは、ドイツ11月革命と、それを「上からの」革命に変化させた社会民主党の成果物だったといえる。その後、エーベルトは初代大統領に選出されたが、ワイマール憲法体制に反対する極端派の諸政党は、野党的立場を強めていくことになる。その代表格・ナチ党の前身であるドイツ労働者党がミュンヘンで結成されたのも1919年のことであった。

なおドイツ11月革命に関しては、どのような評価が可能であろうか。革命の激しさやドラマ性という点ではフランス革命やロシア革命には及ばないかもしれない。しかし最近、歴史家のGerwarth［2018：邦訳31-32］は、ドイツ11月革命の基本的性格（暴力性をほとんど伴わない形で大胆な民主化や、速やかな秩序回復が実現した点）に注目し、それに関する自著のタイトルを――ヴォルフの評価を用いて――『史上最大の革命』としている。そこで今度は、同時期に起きたロシア革命について説明することにしよう。

ロシア革命とその構造的問題点――なぜロシア革命は全体主義体制をもたらしたのか

ロシア革命とは、主に帝政ロシア末期からソヴィエト・ロシアの誕生期にかけて生じた一連の体制変革であり、周知のように人類史上初の「プロレタリア革命」（プロレタリアート、すなわち近代的賃金労働者を中心に、資本主義社会の打倒と、共産主義を目指す社会主義政権・国家樹立を目標とした革命）でもある。広義のロシア革命は、起きた順に、第一の革命ともよばれる「血の日曜日事件」（1905年）、三月革命（1917年）、そして本当の意味でのプロレタリア革命である11月革命（1917年）の二つを通じて段階的に実現した。

ロシア革命の意義として、ソヴィエト社会主義共和国連邦（ソ連、ソヴィエト・ロシア）という人類史上初の社会主義国家を誕生させたこと、それゆえ欧米の資本主義諸国に様々な警戒感と危機感をもたらしたこと、第二次世界大戦後の米ソ冷戦の土台づくりに貢献したこと、そして欧米型福祉国家とは異なる現代型政治経済システムを提供したことなどが挙げられる。それに加え、レーニンからスターリンにカリスマ的指導者が受け継がれていくなかで、マスメディアの活用、テロリズムの状態化、単一のイデオロギーによる国民の教化、そして一党独裁などを通じて全体主義体制・国家を築き上げた点も指摘することができよう。

結果的に個人独裁という形でロシア革命のアンカー役を担うこととなったスターリンが、脅迫や恐怖という手段で人びとを支配するタイプであったことはよく知られている。最近刊行されたスターリン伝によると、スターリンは気質的に残酷で執拗で、他者への思いやりや柔軟性に欠けており、テロル（恐怖政治）の利用を好んだとされている。しかし他方で、イデオロギー上の教義や先入観もスターリンの行動においては決定的であり、それらを自身の独裁とソ連の利益になるよう適用した。スターリンの世界観の土台は反・資本主義であり、だからこそボリシェヴィキが創出した国家は、ある種絶対的存在だった［Khlevniuk 2015：邦訳28-29］とされている。ここから、ロシア革命が全体主義に行きついた理由の一つとして、やはりスターリンのパーソナリティや思想なども無視できないであろう。

１９２４年のレーニン死去に伴い、一国社会主義論のスターリンと世界革命論のトロツキーの間で後継者争い（主導権争い）が勃発し、これに勝利したのがスターリンである。それ以前の指導者レーニンは、ボリシェヴィキによる武装蜂起を通じてケレンスキーの臨時政府を打倒した。その結果プロレタリア革命としての「11月革命」を成功させ、ブルジョア共和制からボリシェヴィキ独裁となった。直後の憲法制定会議で社会革命党の勢いが増したので、レーニンがチェカ（非常委員会）を創設し、武力で憲法制定会議を解散してしまったからである。１９１８年のブレスト＝リトフスク条約に基づき第一次世界大戦から離脱すると、欧米列強諸国による干渉戦争が始まった。ボリシェヴィキはロシア共産党と改称し、「戦時共産主義」を実施した。ところが生産力が激減したため、社会主義計画経済推進の準備段階として、一時的に資本主義を一部導入する「新経済政策」（ＮＥＰ）を１９２１年に採用した。そしてその後「第一次五カ年計画」（１９２８〜32年）、ひいてはスターリン個人独裁への道を拓くことになったのである。

11月革命によって打倒される前、ケレンスキー率いる「臨時政府」は「ソヴィエト」（Soviet）とよばれる労農兵会・評議会組織と対立関係にあった。この時期を二重権力時代という。

臨時政府は市民的自由と戦争継続を重視した中道的連立政権であったが、平和とパンを求める民衆の要求をほとんど無視していた。一方、ソヴィエトは即時停戦を主張していた。ボリシェヴィキのレーニンは、「四月テーゼ」（１９１７年）で土地の国有化などに加え、「全ての権力をソヴィエトへ」と訴えて、西欧型の議会制的共和政ではなく、その後の中華人民共和国でも採用されるソヴィエト型共和政、すなわち「民主的権力集中制」を主張したことはよく知られている。

ソヴィエトの内部でも、少数派を意味する「メンシェヴィキ」と多数派を意味する「ボリシェヴィキ」の間で意見の対立と主導権争いがあった。ロマノフ王朝・帝政ロシア末期の１８９８年に結成されたロシア社会民主労働党が１９０３年に分裂したのがその始まりである。主導権争いに敗れる前者は、緩やかな党組織論に加え段階的な社会主義実現を唱えており、労働者を革命の補助的存在と考えていた。一方勝利を収めた後者は職業革命家主体の厳格な党組織論をもっており、一気に社会主義革命を実現することや、労働者と農民による同盟の重要性を訴えていた。１９１７年3月に生じた「三月革命」でニコライ二世が退位したことにより、立憲君主政からブルジョア共和政に転換したロシアは、このような状況にあった。

三月革命やペトログラード暴動が起きて帝政ロシアが崩壊し、臨時政府が出現したりソヴィエトの勢いが拡大したりしたのは、政府の反動化と第一次世界大戦によるところが大きい。日露戦争の戦況悪化に伴い民衆が行った平和請願デモに対する近衛兵の発砲事件、すなわち「血の日曜日事件」（第一の革命）を契機に、ロシアは封建帝政からまがりなりにも立憲君主政への道を歩むはずであった。これにより「十月勅令」が出され、国会（ドゥーマ）の開設や憲法制定など一連の自由主義的改革が政府によって約束されたからである。

ところがその後、政府は言論を抑圧して反動化し、国会も御用機関的存在となっていった。しかも、三国協商の一員で、後述する「汎スラブ主義」の代表格・帝政ロシア政府は第一次世界大戦に参戦した。しかし前半戦は同盟国側がやや有利で、ロシア側にとって戦況は思わしいものではなかった。その結果、ブルジョアを中心に国会も皇帝の退位を要求するとともに、労働者や兵士は皇帝の政府打倒を考えるようになっていった。したがって、第一次世界大戦の影響と、国内政治における立憲政治の定着度などから、先述したドイツ11月革命との類似点や相違点を見出すこともできる。

このようにロシア革命のプロセスを遡ってみると、政治の本質たる主導権争いや権力闘争の面で、平和的な議論よりも物理的強制力行使にウェイトが置かれていたことがわかる。後述するフランス革命同様、対外（革命に対する諸外国からの干渉）戦争と、それに伴う国内経済社会の混乱（貧困や食糧問題などの解決）を余儀なくされたことも、その理由の一つかもしれない。スターリンの個人的要素（偶然的要因）を別とすれば、そうした部分にこそ、革命の流れを全体主義の方向に向かわせる構造的要因があったのではないだろうか。

第一次世界大戦の意義——なぜ第一次世界大戦はきわめて重要なのか

ここまで説明してきた内容を踏まえると、第二次世界大戦よりも第一次世界大戦の方が重要な意味をもつといわざるを得ない。人類史上初の総力戦となった第一次世界大戦と、その帰結（ヴェルサイユ体制とワイマール体制）に対する敗者ドイツ側の不満から、第二次世界大戦が始まったともいえるからである。つまり第一次世界大戦が起きて、その後始末に矛盾や問題があったからこそ、第一次世界大戦のいわば〝リベンジ〟という形で、ヒトラーによって再び（第二次）世界大戦が始まったといえるであろう。

また、第一次世界大戦が当初の予想より長期化し、結局総力戦となったことが帝政ドイツや帝政ロシアにはマイナスに作用する一方、途中から参戦したアメリカ合衆国にはプラスに作用したとも考えられる。近代化をはじめ自由化や民主化といった点で後れをとっていた帝政ドイツや帝政ロシアは、軍事力だけで勝負が決まる古典的な短期決戦ならともかく、このような現代型の総力戦となった場合、システム上の欠陥を通じて民衆の不満が爆発しやすくなるからである。

いずれにしても、総力戦と化した第一次世界大戦は、その後の第二次世界大戦に象徴される戦争の原型を提供する結果となった。また、第一次世界大戦は、戦争だけでなく「国家と個人」の関係やあり方まで大きく変えた。例えば第一次世界大戦が勃発してからの状況の変化をイギリスの歴史家Taylor［1965：邦訳5］は、以下のように描写している。

「1914年8月までは、分別もあり遵法精神もつよいイギリス人が、一生をすごし、郵便局と警察官以上には、ほとんど国家の存在に気づかずにいることが可能であった。（中略）

こうしたことのすべてが、大戦の衝撃により一変した。（中略）彼らの生活が、上からの命令によって形づくられるようになった。彼らも、自分自身の仕事だけを追求するのではなく、国家に奉仕するよう要求された。」

このように、近代から現代への変化と流れを加速させ、それを決定づけたという点では、第二次世界大戦よりも第一次世界大戦の方がきわめて重要な意味をもつといわざるを得ない。

第4章 帝国主義・ナショナリズム・大衆社会——現代の幕開け

1 帝国主義の展開

帝国主義の政治史的意義——なぜ帝国主義は現代の幕開けなのか

帝国主義が現代の幕開けとなるのは、近代以降発展した資本主義経済の一つの重要な到達ないし通過地点として位置づけられるからである。同時に、第一次世界大戦に象徴される「総力戦」や、ロシア革命に代表される「プロレタリア革命」など、新しい20世紀型の政治現象に経済面・軍事面から中長期的に影響を及ぼしたのも帝国主義だからである。

帝国主義については時代や立場によってその解釈も様々だが、一般的には、欧米先進諸国などが19世紀後半から第一次世界大戦勃発までの時期に、主としてアジア・アフリカ地域の植民地で権益を確保したり、領土的支配（侵略）を拡張させたりする一連の膨張主義政策と、それに伴う現象をいう。それゆえ、帝国主義国同士で戦争が生じやすくなると同時に、食糧・人口問題を解決したり内政面での大衆の不満を逸らしたりする狙いもあった。

このような帝国主義の動きは、１８７０～71年における普仏戦争の終結と帝政ドイツの誕生あるいは、１８７２年当時イギリスの首相だったディズレーリが保守党の植民地政策の基本として帝国的団結を説いた「水晶宮演説」から始まったと考えられている［北岡 1979：153, 166］。しかもこの１８７０年代というのは、イギリスで都市部在住の男性労働者階級に初めて選挙権を認めた第二次選挙法改正（１８６７年）に基づく「大衆デモクラシー」が始動しつつあった時期である。同時に、ビスマルクによる社会保障政策の展開によって「福祉国家」への試行がなされていく時代でもあった。

したがって、西洋政治史における帝国主義の時代（19世紀後半～20世紀初頭）は、こうした様々な側面で「現代」型の政治や経済に移行した時期として評価することができるのである。そこで、いわゆる欧米列強諸国が展開した帝国主義政策や、それに関連する出来事を説明していくことにしよう。

帝国主義の背景と諸相①――なぜ西欧諸国はいち早く帝国主義を展開できたのか

周知のように19世紀後半の世界では、イギリスやフランスなどほんの一握りの主要欧米諸国だけが近代的な「国民国家」（nation-state）として発展しており、その分資本主義経済も発達していた。その結果、強大な陸海軍を中心とする圧倒的軍事力を背景に、未発達のアジア・アフリカ地域を支配することも可能となったのである。

そうした意味で、フランスとの覇権争いに勝利を収め、北米大陸に植民地を形成していたイギリスは、当時「世界の工場」とよばれたその圧倒的工業力と世界最高水準を誇る海軍力のおかげで、アフリカやインドを中心に帝国主義政策を積極的に展開していくことができた。その具体例としてアフリカに関しては、スエズ運河会社株の買収、エジプト占領、南アフリカ戦争（イギリス領南アフリカ連邦の成立）などが挙げられる。またインドに関しては、インド帝国の成立がその象徴的事例となる。「カイロ―ケープタウン―カルカッタ」を結ぶいわゆる「3C政策」は、このような形で推進された。

一方イギリスにやや後れをとったフランスも、銀行資本の力によって1880年代（第三共和政時代）には帝政ロシアなどへの資本輸出（国外投資）を行い、イギリスに次いで植民地獲得に乗り出していた。具体的には北アフリカのチュニジアを保護国化したり、東南アジアではフランス領インドシナ連邦を成立させたりした。

後述するように、イギリスとフランスは産業革命も世界に先駆けて実現した国であった。その意味で両国は、近代的国民国家の形成と近代的産業資本主義の発達が早期に行われていた分、帝国主義への移行も早かったということができるであろう。では、英仏両国よりも遅れて帝国主義競争に参入することとなった帝政ドイツやアメリカ合衆国は、どのような状況だったのであろうか。

帝国主義の背景と諸相②――なぜ西欧諸国はいち早く帝国主義を展開できたのか

まず帝政ドイツの場合、皇帝ウィルヘルム二世と軍部を中心に帝国主義的植民地獲得政策、いわゆる「世界政策」を実践するようになったのは、同盟外交で自国の安全保障を最優先する「大陸政策」を展開したビスマルクの失脚後（1890年以降）であった。もっとも世界政策が採用・実現された背景として、ビスマルクによる保護関税政策と、それに伴う独占資本の形成があったことも忘れてはならない。近東進出のための経路を求めたドイツの世界政策はイギリスを念頭に置いたものであり、「ベルリン―ビザンチウム―バグダッド」を結ぶラインは「3B政策」とよばれた。また、ドイツも太平洋方面への進出に対する関心を次第に強め、膠州湾付近の租借を行ったり海軍力の強化にも努めたりするようになった。加えてドイツの帝国主義には、ドイツの国民意識を高揚させるうえで役立った

「汎ゲルマン主義」（後述）が根底にあった。そしてこうしたドイツの動きは、やがて帝国主義の〝先輩〟イギリスの利益と衝突するようになり、前述した第一次世界大戦勃発理由の一つとなっていく。

次にアメリカ合衆国も、ドイツと同じ１８９０年代頃から帝国主義政策を展開するようになっていった。その主な背景には、60年代の南北戦争で勝利を収めた北部・商工業立国路線と、その延長線上に位置づけられる急激な生産力増大や、それに伴う独占資本の形成・発展を挙げることができる。具体的には、「カリブ海政策」ともよばれるように、中南米諸国に対する積極的干渉を狙ったパン・アメリカン会議を皮切りに、キューバやプエルトリコをめぐるスペインとの戦争、すなわち米西戦争（１８９８年）を通じてアメリカも帝国主義競争に参入するようになった。

米西戦争に勝利したアメリカは、今度は太平洋と中国への進出を目指していく。フィリピンをスペインから獲得して領有し、ハワイを併合した。さらに１８９９年からは中国に対する「門戸開放宣言」を行って中国大陸進出を正当化するなど、対ヨーロッパ外交の基本原則「モンロー主義」とは明らかに矛盾する外交を展開するようになっていった。そして20世紀に入ると、キューバの保護国化（１９０１年）やパナマ運河の開通（１９１４年）などを通じてアメリカ合衆国の帝国主義政策は、さらに強化されていくことになる。

このように、ドイツとアメリカの帝国主義政策を見ても、対外戦争の勝利や内乱の収束などに基づく国内的統一と安定化、そしてそれに伴う国内資本主義経済の発展および集中独占化を通じて、帝国主義を実現可能にする条件が整っていったことがわかる。ここからも、政治と経済の密接な関連性が見出せるといえよう。

2 ナショナリズムと大衆社会

汎スラブ主義と汎ゲルマン主義——なぜナショナリズムは戦争の原因となるのか

「ナショナリズム」（nationalism）は多義性を有する概念である。例えば国民としての団結・統合や国民国家の形成という面を強調すれば「国民主義」ということになるが、その国家を重要視するあまり国際社会で国家の利益（国益）のみを強引に追求するようになると、ナショナリズムはもはや「国家主義」あるいは「自国中心主義」といわざるを得ない。また、植民地からの解放や独立、そして民族自決を追求する場合は「民族主義」ということになる。いずれにしてもナショナリズムは、「ネーション」（nation）という集団もしくは共同体を前提としていることがわかる。「国民」であれ「国家」であれ、そして「民族」であれ、そうした意識や一体感（アイデンティティ）と、それらを自覚した人びとが実在する事実こそ重要な意味をもつ。

このような多義性を有するナショナリズムは、国民国家を典型的な発現空間とする近現代の国内政治や、国民国家を主要アクターとする近現代の国際政治、両者において不可欠な役割を果たすということができよう。また、ナショナリズムは、例えるならナイフや包丁などと同じで、使い方さえ間違えなければ便利で役立つ道具となる。例えば、「国民」という自覚をもった国内諸民族が団結することによって、強大な外国勢力の侵略に立ち向かうことも可能になる。しかしながら、逆にその使い方を誤ると、ナイフや包丁が凶器となり得るように、現在でもナショナリズムは、その使い方次第で国内の独裁政権を感情面から支えてしまったり、対外侵略戦争を煽ったり、そしてまた事実を隠蔽したりする目的で利用されてしまうからである。

既述のように第一次世界大戦では、発展したナショナリズム同士の衝突という側面があった。その具体例として「汎スラブ主義」が挙げられる。「汎」は英語〝Pan〟の訳語で「ひろく、あまねく全体にわたる」を意味することから、「全…」あるいは「総…」といった表現で用いられることが多い。したがって、汎スラブ主義とは、国家のカベ（国境）を越えて、政治面のみならず経済面や文化面など様々な側面で全スラブ民族の統一ないし団結を目指す考えや運動のことを指す。歴史的に見た場合、クリミア戦争（1853〜56年）でその南下政策に失敗した帝政ロシアがトルコ領内でのスラブ系民族の反乱を支援する名目で始まった露土戦争（1877〜78年）などは、こうした汎スラブ主義に基づいた戦争と見ることができる。

この汎スラブ主義に対抗する形で発展した民族主義運動の一つが、全ゲルマン民族の団結を目標に掲げる「汎ゲルマン主義」であった。この汎ゲルマン主義は、前述した3B政策に代表されるドイツ帝国主義の基本原理として利用され、後年のナチズムにも通じるものがあるように思われる。周知のように、第一次世界大戦勃発のきっかけとなったサライェヴォ事件も、汎スラブ主義と汎ゲルマン主義の対立が根底にあったといわれている。

イギリス議会政治の民主化──なぜ大衆デモクラシーが生まれたのか

一般にナショナリズムは、人間の知性や理性以上に、とりわけその〝感情面〟に訴える要素が強いと思われる。「敵と味方」「奴らとわれわれ」といった対立の構図は、理屈抜きでわかりやすいからである。しかも現代社会の人間は、前述したように「大衆」として特徴づけられることが多い。それゆえ、大衆とよばれる現代型の人間にアピールするうえで、ナショナリズムは好都合なのであろう。第3章でも触れたが、現代社会の担い手である大衆は、どのような特徴をもった人たちを指すのであろうか。

市民革命や近代市民社会の担い手である「市民」が、財産と教養をもつがゆえ自律的な行動の可能な少数の人びとを指すのに対し、個人の集合体を意味する「大衆」は、他人やメディアによって操作されやすく、また画一的な行動をとりやすいとされる。したがって、現代社会で一般的な大勢の人びと、あるいはノン・エリートなどを意味することが多い。こうした〝普通の〟平均的な人びとである大衆を基盤として展開される現代型の民主主義を、「大衆デモクラシー」という。そしてこの大衆デモクラシーからナチス・ドイツの全体主義体制が形成されたことは既に述べた。

大衆デモクラシーは、普通選挙の定着と制度化によって幕を開けると考えられるので、西洋政治史の文脈では大体19世紀後半から20世紀前半にかけて大衆デモクラシーが漸進的に実現したと考えてよいだろう。ではなぜ大衆デモクラシーが実現するようになったのか。その理由は国によって異なるので、ここではイギリスを例に挙げて簡潔に説明してみよう。

19世紀のイギリスでは1832年の第一次選挙法改正を皮切りに、以後数回にわたる選挙権の拡張を通じて、制限選挙制に基づく市民限定の「名望家民主主義」から大衆デモクラシーへの変容を実現していった。第一次選挙法改正ではごく少数の上層市民に選挙権が与えられただけであったが、1867年の第二次選挙法改正では都市部在住の財産を持たない男性労働者階級にも選挙権が与えられ、事実上ほぼ男子普通選挙に近い形となった。その意味で第二次選挙法改正は、イギリスを民主主義に転換させた改革［河合 1974：2］であると同時に、イギリスの大衆デモクラシーは1867年に幕を開けたということもできるかもしれない。その後1884年の第三次選挙法改正で農村部の男性労働者に、1918年には既述のとおり女性に選挙権が付与され、そして1928年には男女普通選挙がほぼ実現することになる。このような経緯で、選挙権（参政権）という権力的価値の再配分は、イギリスでは平和的に達成されたといえよう。

このようにイギリスでは、「革命」ではなく一連の「改革」を通じて徐々に普通選挙制、すなわち大衆デモクラシーへ移行していったことがわかる。ではなぜこのような〝平和的な〟プロセスをイギリスはたどることができたのであろうか。その背景として、以下の二点を指摘することができる。

第一に、急進主義運動や様々な民主化運動を当初拒絶していた為政者側も、革命による政府の転覆を恐れた結果、状況に応じて妥協したり譲歩したりすることに成功した。したがって、政治エリート側のいわば柔軟性を指摘することができる。第二に、19世紀を通じて保守党と自由党という二つの政党が総選挙の勝利に基づく政権獲得を目指して競合し、政権交代を繰り返した。両党とも支持基盤（支持者層）を拡大して、有権者を少しでも取り込もうと競い合った結果、このような一連のプロセスをたどることになったといえる。換言すれば、両党とも選挙法の改正による〝果実〟を奪い合うことで党組織も拡充し、結果的に党本部や地方選挙区組織などを備えた「近代政党」として発展していったのである。

したがって、イギリスにおける選挙権の拡大は、いわゆる「二党制」を徐々に形成する役割を果たすと同時に、両党を名望家政党ないし「幹部政党」から、組織化された「大衆政党」に脱皮させるうえで貢献したということができる。さらに、二大政党による競合と定期的な政権交代が実現した結果、国政選挙制度に関しても、大政党に比較的有利とされる‘first-past-the-post’（一位だけが勝者となる）システム、いわゆる「単純小選挙区制」ないし「相対多数代表制」が全国的に採用されるようになったと考えられるのである。

経済と社会の変化・発展――なぜ大衆社会が生まれたのか

大衆デモクラシーは、現代型の大衆社会を基盤として展開する民主主義である。その問題点の一つとして、既に触れたように「ワイマール・ドイツ」からの「ナチス・ドイツ」誕生、つまり全体主義体制の温床になる可能性を指摘することができよう。大衆の弱点ともいえる特性（他者志向性など）が、せっかく実現した民主政治や自由を否定し独裁を望むこともあり得るからである。このように大衆は、近代市民社会の市民と比較した場合、総じて自律性に乏しく、孤独で周囲の意見や流行に流されやすく、強大な権力や権威によって操作され動員されやすい受動的で原子（砂）のような存在として描写されることが多い。

では、このような現代型人間の集合体である大衆ならびに「大衆社会」は、なぜ登場したのか。大衆とよばれる人間（像）が登場するようになった背景として、工業化、都市化、マスコミュニケーションや交通通信手段の発達を挙げるのが一般的である。テクノロジーの発達は大量生産・大量消費・大量情報伝達（マスコミ）をもたらした。そしてそれらと関係の深い、ホワイトカラー層の増大（新中間層の登場）、組織の巨大化（官僚制化）、経済・社会問題（貧困や格差など）、そして労働問題の発生といった一連の変化と現象もまた、大衆社会や現代政治を特徴づける要素として常に指摘される。

こうしてみると産業革命以後の工業化・大量〇〇化が、現代の大衆社会と現代政治の基本的な流れを根底から形づくっていることがわかる。つまり資本主義経済の発展こそ、大衆と大衆社会を登場させた一つの要因といえるのである。

3 フランス第三共和政の今日的意義と教訓

フランス第三共和政の基本的性格と意義――なぜ長続きしたのか

フランスでは、19世紀後半に第三共和政が始まってから、今日の第五共和政（1958年～）に至るまで「共和制」が続いている。その意味で、大革命（1789～99年）後のフランスに共和政体を定着させたのは第三共和政（1870～1940年）であるといえよう。

もっとも、民主化という視座から第三共和政を概観してみると、男子普通選挙は既に（1848年頃）実現していたにもかかわらず、女性の参政権は1945年頃まで認められなかった。その理由は様々であろうが、その背景の一つとして、フランス特有の官僚支配・財閥支配の根強さを指摘することができるかもしれない。

後述する臨時国防政府が成立し、共和政を宣言した1870年頃フランス第三共和政は始まる。その後ドイツとの講和などを経て1875年に制定された第三共和政憲法によると、フランス第三共和政の基本的性格は、国民議会（下院）中心の議院内閣制であった。もちろん国家元首として大統領もそれなりの権限を有しており、その意味では共和派の共和主義と王党派の君主主義を調和させた制度といってよい。第三共和政の成立当時、共和派と王党派の間で〝綱引き〟が行われ、それに伴ういわば〝妥協の産物〟だったからではないかと考えられる。

およそ70年に及んだフランス第三共和政は、前期が比較的保守的な共和政だったのに対し、中期以降になると急進主義者を中心とする共和政に変化していった。第三共和政全体の特徴としては、小党分立状態とそれに基づく連立政権あるいは短命内閣が多かったこと、そのため政界は割と不安定だった点が指摘されている。しかし共和政全体としては、左右の両極端勢力に揺さぶられつつも70年続いたので、フランス政治史の文脈からすれば以外に安定していたともいえる。では、その理由はどこにあるのか。この点を考える前に、第三共和政の前期、特に共和政を大きく揺さぶった二つの事件について説明することにしよう。

ブーランジェ事件とドレフュス事件――なぜ共和政を揺るがす事件が起きたのか

19世紀末、当時庶民に人気のあった対独強硬派の将軍で陸相を解任されたブーランジェという人物が、反議会主義や憲法改正などを訴えて右翼勢力に接近していた。彼と気脈を通じていた王党派など共和政不満分子がブーランジェを担ぎ出し、しかも国民の愛国心（とりわけ対独報復感情）に訴えることによって、「反・共和派」中心の軍部独裁政権樹立（議会解散や憲法改正）を目指すクーデタを1889年に企てたのである。この陰謀事件を「ブーランジェ事件」という。

しかしながらこの企ては、ブーランジェ本人の決断力の欠如が理由で決行直前になって不発に終わり、ブーランジェはベルギーに亡命して自殺したとされている。事なきを得たとはいえ、この事件は、当時密かに王政復古を画策していた王党派や軍部、右翼による共和政打倒未遂事件というべきものであった。また、民衆の人気に依拠していたり、「敵」を意識させたりしているという点では、この事件を大衆デモクラシーやポピュリズムの問題点に起因した出来事の一つとして解釈することも不可能ではない。

そして、1894年に起きたのが「ドレフュス事件」である。これは表面的には、ユダヤ系の陸軍軍人・ドレフュス大尉に対するスパイ容疑で発覚した、軍部による濡れ衣事件というべきかもしれない。ドイツ側のスパイ容疑でドレフュスは終身刑となったものの、後日真犯人が見つかったので当然再審請求運動が生じた。ところが再審を行うと軍部の権威を失墜させるとして軍部や右翼などがこれに反対し、第三共和政を揺るがしかねない全国的大論争に発展したとされる。また、これによって反ユダヤ主義（anti-semitism）を煽ることになったともいわれている。因みに、この事件をきっかけとして、クレマンソーを中心に急進社会党が結成されるようになった（1901年頃）。後年フランスの首相としてパリ講和会議に出席するクレマンソーは、この時はドレフュス側を擁護し、その雄弁から「トラ」とあだ名された人物である。

このように、ブーランジェ事件をはじめ、一個人の人権問題を超越した論争にまで発展するドレフュス事件が起きた背景には、第三共和政や民主主義、人権を擁護しようとする（特に進歩的な）共和派と、それを否定ないし打倒して王政復古を企てようとする軍部や右翼、王党派（反・共和派）との対立そして主導権争いがあったといえる。第三共和政前期に見られた「右派」（反・共和派）からの揺さぶりは、前述のように、共和制後期になると「反・人民戦線内閣」という形で再現される。それにもかかわらず、第三共和政全体が結果として相対的に長続きした要因の一つに、クレマンソーらを中心とする急進社会党の存在と役割があったことは否定できない。

この急進社会党は、「反・社会主義」なのに進歩的、「反・右翼／軍部」だが愛国的な『中道左派』系の小政党、換言すれば進歩的小ブルジョア共和主義勢力の小政党で、小市民（プチブル）や小地主、共和派などをその支持基盤としていた。政教分離・平和主義・議会主義・個人の自由・私有財産制・反独占・労働者の保護などを党全体の主張としていたので、政治的には「左」かもしれないが、社会的には「右」の立場だったともいえる。それゆえ連立政権の構成上は、左派系諸政党（社会党や共産党など）はもちろん、右派系諸政党と連立を組むことも可能な〝中間的立ち位置〟の政党であった。理念的にも政策的にも連立内部で扇の要（pivot）のような存在と役割を果たした急進社会党のような小政党を「かなめ政党」（pivotal party）という。政情不安定な第三共和政が比較的長続きした要因の一つは、かなめ政党としての役割を急進社会党が果たしていたからであろう。

パリ・コミューンの教訓とロシア革命への影響――なぜ失敗に終わったのか

このように、左派や右派、王党派やナポレオン派、共和派など国内諸勢力の妥協の産物として誕生したフランス第三共和政は、成立当初は〝保守的な〟共和政をその特徴としていた。周知のように普仏戦争（1870～71年）で、ビスマルク率いるプロイセンにナポレオン三世のフランス（第二帝政）が敗北し、皇帝が退位した結果登場したのが第三共和政である。その初代大統領ティエールは、普仏戦争終結直後の「パリで起きた革命的な流れ」を変えるため保守的な役割を果たした。それによって、第三共和政前期のやや保守的な流れが決定づけられたのかもしれない。因みに、その革命的な流れとは「パリ・コミューン」の成立（1871年3～5月）を指している。

パリ・コミューンとは、普仏戦争の敗北で急進化したパリの民衆などが、前述の臨時国防政府――1870年9月にスダンの戦いで敗北した後、共和政を宣言してパリに成立した臨時政府。1871年2月にこれを率いるようになったのがティエールで、その本拠地をヴェルサイユに移していた――に反発し、パリ市内に樹立した革命的自治政府組織である。パリ市内から選出された代表者によって構成され、三権分立を否定し、立法部的役割と行政部的役割を兼ね備えた革命中核組織でもあった。労働者階級中心の方策を打ち出したが、プロイセン（ドイツ）軍の支援を受けてパリを包囲した保守的なブルジョア共和主義者ティエールらによって鎮圧され（「血の一週間」とよばれる）、72日間続いたパリ・コミューンは結局崩壊した。このように、ティエールらブルジョア共和派（穏健で保守的な共和派）主導で第三共和政の成立に至ったのである。

このような性格のパリ・コミューンとその失敗を教訓として、後年ロシア革命に応用したのがレーニンだったともいわれている。また、パリ・コミューンの経験は労働者主体の社会主義政権のモデルや現代革命の原型を提供したと評価されている。

普仏戦争の敗北というショックと混乱から生まれたとはいえ、市民自治あるいは直接民主政的性格などを併せもつパリ・コミューンは、なぜ短命かつ失敗に終わってしまったのであろうか。その要因として以下の点を指摘することができる。

理論的かつ全国的な前衛組織の不在
充実した経済政策の欠如
農民との連携の欠如
パリ市限定でフランス全土に拡大しなかったこと
軍事的不統一

加えて、革命組織や運動に不可欠な「カリスマ的指導者」が存在しなかった点も指摘されねばならない。さらに、第一次世界大戦敗北の混乱に乗じて起きたドイツ11月革命との比較あるいは類似点・相違点などの検証も興味深いと思われる。レーニンは、こうした問題点や課題から学んだことを、ロシア革命で実行に移したのかもしれない。いずれにせよ、パリ・コミューンが全国に拡大し成功を収めていたら、その後のフランス政治史が大きく異なるものになっていたことは間違いないであろう。

では、なぜフランスはプロイセンと戦争をしなければならなかったのか。そもそも、どうしてプロイセンがドイツ統一の主役となり得たのだろうか。加えて、アメリカ合衆国も、なぜ発展することができたのだろうか。今度は、アメリカとドイツの19世紀後半に注目していくことにしよう。

4　アメリカ合衆国の発展と帝政ドイツの誕生

南北戦争の意義と役割——なぜアメリカ合衆国は発展したのか

既述のようにアメリカ合衆国は米西戦争によって帝国主義の時代に入り、とりわけ東アジア・太平洋方面への進出に乗り出した。一家で五年間ミシシッピー川以西に定住・耕作すれば一定の所有権を与えるとした「ホームステッド法」（1862年）に基づく西部開拓の流れが1890年代に一応終了したこと（「フロンティア」消滅宣言）も、その要因の一つと考えることができる。それに加え、やはり何といっても資本主義経済の発展を挙げなくてはならない。その背景には、南北戦争（1861〜65年）における北軍側の勝利があった。この事実は、綿花などの大農園（プランテーション）経営を中心産業とするため奴隷を必要とする「南部」の路線が、資本主義的商工業に立脚する（そのため、解放奴隷を安価な雇用労働力として欲していた）「北部」の路線に敗北したことを意味していた。その結果、北部の「商工業立国路線」に依拠した〝国造り〟が、以後本格的に開始されることになったからである。

一般に南北戦争に関しては、共和党で北部側のリンカン大統領による奴隷解放宣言や、「ゲティスバーグの演説」（1863年）が有名である。しかしながら、アメリカ合衆国の発展という文脈から見た場合、農業中心か商工業中心かで対立状態にあった「アメリカ国家」の分裂・崩壊を北軍勝利によって未然に防いだこと、そしてその結果、北部の商工業立国路線に基づいてさらに西へ発展することが可能になったこと——むしろこれらが、リンカンの真の功績といえるのである。このように合衆国の分裂を防ぐことに成功した大統領リンカンは、〝人道的な奴隷解放論者〟である前に〝愛国者〟であった。

南北戦争後の産業（資本主義）は、主に少数の資本家による巨大トラスト形成を通じて発達し、いわゆるビッグ・ビジネス（大企業）の成長と、それに伴う小企業の圧迫なども問題視されるようになっていた。こうした状況下で、「シャーマン反トラスト法」が制定されたのが1890年のことである。加えて1886年にはアメリカ労働総同盟も結成されている。さらに、ポーツマス講和会議（1905年）のホスト役として知られるセオドア・ルーズヴェルト（共和党）は、トラスト規制や労使関係の調停などに代表される「革新主義」を推進し、1901年から09年まで大統領を務めた。

第1章でも触れたように、こうした1890年代のアメリカ経済・社会情勢を背景として1892年に創設されたのが「人民党」（People's party）である。実質的活動期間は短いが、人民党は別名「ポピュリスト党」（Populist party）であり、その党員はポピュリストとよばれた。周知のように、現在用いられているポピュリズムの語源とされている。二大政党支配に挑戦し、人民に依拠してエリート支配を批判する政治運動を、以後ポピュリズムというようになったからである［水島 2016 : 30］。人民党そしてポピュリスト登場の背景が、こうした資本主義社会の発展に伴う格差の拡大と、それに伴う貧しい農民や労働者の不満、さらには、そうした一連の諸問題に対する共和・民主既成二大政党の無関心であったことは否定できない。そこに社会改良運動や禁酒運動など、南北戦争後に勃興した諸々の社会運動が加わる形で人民党の成立を後押ししていったのである［水島 2016 : 30-31］。そうした意味でも南北戦争は、政治史のみならず経済や社会の面から見てもアメリカを大きく変質ないし発展させた重要な出来事だったといえよう。こうして、第一次世界大戦勃発前のアメリカ合衆国は、帝政ドイツと並んでイギリスの座に迫る勢いだったのである。では、アメリカ同様イギリスを脅かす存在にまで成長した帝政ドイツは、一体どのような発展を遂げていたのであろうか。

ビスマルクの内政――なぜ帝政ドイツは外見的立憲政治とよばれるのか

先述したように、ビスマルクが新皇帝ヴィルヘルム二世によって罷免された結果（１８９０年）、帝政ドイツは皇帝親政ならびに積極的な世界政策に転じた。その結果、ドイツの工業力と軍事力が増大し、イギリスやフランス、ロシアなどはドイツ帝国の強大化に危機感を抱くようになっていった。そして、その延長線上に第一次世界大戦勃発が位置づけられることも既に触れた。そこでここでは、それ以前の、いわゆる「ビスマルク時代」における帝政ドイツの政治を説明する。

ビスマルクが首相を務めるプロイセン王国を中心に統一されたドイツ帝国（帝政ドイツ）は、複数の君主国などから構成される連邦構造であった。しかし事実上プロイセン国王がドイツ皇帝を兼ねると同時に、プロイセン首相がドイツ帝国宰相を兼ねたことからも明らかなように、小ドイツ主義に基づくプロイセン主導体制でもあった。下院に相当する帝国議会に法案提出権は認められていたものの、その権限は相対的に弱く、宰相も議会ではなく皇帝に責任を負っていた。したがって、大日本帝国憲法のお手本となった帝政ドイツの国家構造は、立憲主義ではあるものの、議会が君主の力を制限する要素が薄いため、「外見的立憲政治」と評価せざるを得ない。

さて、国内政策におけるビスマルクの主要課題は、対労働者（社会主義）問題ならびに対宗教問題であった。ビスマルクの与党的存在は、実業家や高級官僚などをその支持基盤としていた国民自由党である。ユンカー（ドイツ東部に比較的多かった大地主貴族）出身のビスマルクは、発達してきた産業資本家勢力に対しては保護関税政策を導入するなど政治的結合を試みた。同時に、ドイツ社会主義労働者党に代表される労働者勢力に対しては、その拡大防止を目的に「社会主義者鎮圧法」（いわば「ムチ」）を制定する一方、労働者の生活向上と社会改良を狙った社会保険制度（いわゆる「アメ」）も導入している。こうして労働者もしくは社会主義勢力に対しても、ビスマルクは懐柔ないし妥協的態度を明確にした。

この当時、対宗教問題でとりわけ重要だった出来事は、ビスマルクの南部カトリック抑圧政策に基づく、文化闘争とよばれた「ドイツ政府とカトリック教会の対立」である。北部のプロイセン支配を嫌ったカトリック教徒を支持基盤とする中央党が選挙の結果勢いを伸ばすと、カトリック側との争いを政治的に不利と考えたビスマルクは、カトリック側と和解して文化闘争を中止した。その結果、中央党も以後協力的な姿勢を見せるようになったとされている。

このように、ビスマルクの国内体制は、元来相対立する諸勢力を包括して政府と自分への権力集中を実現するスタイルということができる。さらにこの体制に関しては、後述するフランス第二帝政を開始したナポレオン三世の政治構造（ボナパルティズム）との類似性を指摘することも可能だと思われる。

鉄と血によるドイツ統一――なぜ普仏戦争は起きたのか

プロイセン王国主導のドイツ統一（帝政ドイツ誕生）が実現したのは、同国がドイツ統一の最後の仕上げとしてフランスとの戦争に勝利を収めることができたからである。既述のように、近代から現代への〝架け橋〟的役割を果たした普仏戦争は、スペイン王位継承をめぐる、ビスマルクとナポレオン三世の対立から始まった。戦争に勝利を収めたプロイセンは同国主導でドイツ帝国を成立させる一方、敗北したフランスは第二帝政から第三共和政に体制転換した。つまりドイツという国民（民族）国家の建設は19世紀後半の対外戦争勝利（普仏戦争終結）を通じて達成されたことになる。ビスマルクの政策が「鉄血政策」とよばれるように、ドイツ統一は言論や話し合いではなく、軍事力（鉄と血）によって完成したということでもある。

周知のようにドイツ統一のあり方をめぐっては、従来から「大ドイツ主義」か「小ドイツ主義」かで対立、すなわち主導権争いがあった。前者は、オーストリアを盟主とする「大ドイツ連邦」がヨーロッパ大陸の中央部に建設されることをもってドイツ統一とする考え方であり、当時プロイセンに反発するドイツ南西部諸邦から支持されていた。それに対し後者は、オーストリアを排除し、プロイセン主導の民族統一に基づいた国民国家形成をドイツ統一の完成とみなすもので、経済的なドイツ圏連合ともいえる関税同盟に加わった諸邦や産業資本家層などが支持していた。

小ドイツ主義に立脚するビスマルク式ドイツ統一は、いわゆる鉄血政策に依拠していたので、具体的には「敵」の設定に伴う対外戦争という形で展開された。まずその幕開けとして、対デンマーク戦争（1864年）が挙げられる。オーストリアを戦争に協力させて、デンマークに宣戦布告したのは、デンマーク側の一方的な領土拡張に対抗するためであった。戦争が終了すると、元来対立関係にあったオーストリアとプロイセンの「二強」がいよいよ武力で雌雄を決することとなった。これが1866年の普墺戦争である。ここでもプロイセンが勝利を収め、翌年には北ドイツ連邦が成立し、大ドイツ主義はその存在理由を失った。そして、こうした軍事力（対外戦争）に基づくドイツ統一プロセスの仕上げとなったのが、対仏ナショナリズムを生み出しやすい、大国フランスとの戦争だったのである。

1870年、エムスで静養中のプロイセン国王ヴィルヘルム一世とフランス大使との会談内容（スペイン王位継承問題）を伝える電報文をビスマルクが故意に変更して――フランス大使がヴィルヘルム一世を脅迫したせいで、国王が大使との会見を今後一切拒否したかのように改めて――新聞で発表させたとされるエムス電報事件が起きた。この新聞報道をめぐる普仏両国民感情の悪化をビスマルクが利用した結果、誘い出される形でナポレオン三世がプロイセンに宣戦を布告したといわれている。したがって普仏戦争、ひいては西洋政治史における「現代」の幕は、小ドイツ主義でのドイツ統一を目指す現実主義者ビスマルクの手で開かれたといっても過言ではない。

第Ⅱ部

リアクションとしての近代・近世西洋政治史

第Ⅱ部の内容は近代および近世の西洋政治史である。ここでも「なぜそうなったのか」という視座に加え、「リアクション」(reaction)、すなわちある出来事に対する反応や反動、あるいは反作用という概念をキーワードに、19世紀中葉から13世紀頃までの主要事項を〝遡って〟説明していく。

第5章 自由主義 対 復古主義——現状に対するリアクション

1 改革と自由主義

イギリスの議会改革と民主化——なぜ保守党は改革を否定しなかったのか

既述のようにイギリスの大衆デモクラシーは、1867年の第二次選挙法改正によって幕を開けた。これによって都市部の男性労働者のほとんどに選挙権が与えられたからである。この第二次選挙法改正とよばれる選挙権の拡張（議会の改革と民主化）は自由党政権ではなく、ダービーやディズレーリを中心とする保守党政権によって成し遂げられた。自由主義と改革の時代でもある1850～60年代のイギリスは、自由党の一党優位時代を迎えており、稀に保守党が政権に就いても、次の総選挙ですぐ自由党に敗れ政権を奪われるという状況（保守党の万年野党時代）が続いていた。それゆえ、元来選挙権の拡張に反対していた保守党も、時代の要請に応えて穏健な改革でも実行しない限り、次期総選挙での勝利、すなわち政権獲得維持は不可能と判断したのだと思われる。その結果、ディズレーリの指導の下、改革を否定しない「進歩的保守主義」の党に成長したイギリス保守党は、80年代以降新たに「帝国主義」の党として、さらに発展していくことになる。

加えて、新たに増大した選挙民を保守党も自由党も「支持者」として包摂しようとした結果、党の組織化が進展していくことになった。例えば保守党では、各選挙区の党支部（選挙区協会）を束ねる全国組織、保守立憲協会全国連合が第二次選挙法改正実現直後に誕生している。

一方グラッドストンを中心に１８７０年代から80年代にかけて成立した自由党歴代政権も、保守党以上に積極的な議会改革を次々と実現した。その代表的な例として、秘密投票法（１８７２年）、腐敗および不法行為防止法（１８８３年）、第三次選挙法改正（１８８４年）、議席再配分法（１８８５年）などがある。しかし１８８６年、グラッドストン政権がアイルランドに自治を認める方針を明確にした結果（アイルランド自治問題）、自治反対派のジョセフ・チェンバレンらが自由党を脱党したことをきっかけに自由党の弱体化が徐々に進んでいく。

いずれにしてもイギリスにおける議会改革や民主化は、自由党と保守党による支持者争奪合戦と政権交代の結果実現したといえる。それは同時に、近代政党の発展やいわゆる二党制の発達も促すことになった。しかしその一方で第二次選挙法改正は、労働者階級による選挙権要求があったからこそ、二大政党間の政争や競合に発展し実現したともいえよう。こうした労働者階級主体の議会改革・民主化要求運動は、１８３８年頃の「人民憲章」発表を皮切りに１８４８年頃まで数回にわたって展開された、一連のチャーチスト運動として知られている。

オーウェンの部下でロンドン労働者協会の指導者ラヴェットが起草したとされる人民憲章は、男子普通選挙権、秘密投票制、選挙区配分の平等、議員の財産資格撤廃、議員歳費支給、議会の毎年の開催という、現在では当たり前となった六項目の実現を要求するものであった。それゆえチャーチスト運動の基本的性格は労働運動や経済闘争というより、労働者主体のおそらく世界最初の本格的な政治運動といっても過言ではない。

しかしながら、要求は全て拒絶され、チャーチスト運動は結果的には失敗に終わった。複数回実施されたとはいえ、請願書提出というデモンストレーション的院外闘争スタイルだったので、議会採決で否決されやすかったからである。また、1850年頃のイギリス経済が比較的好調だったことも手伝って、運動が下火になっていくのも避けられなかったのではないかと思われる。そもそも労働者階級がこのような動きを展開するようになったのは、第一次選挙法改正（1832年）を通じて都市部の産業資本家など中産階級上層部にまで選挙権が与えられたにもかかわらず、期待していた労働者たちには選挙権が一切認められなかったからである。

名誉革命以降本格的な選挙権の拡張が見られなかったイギリスでは、産業革命とそれに伴う産業資本家の成長に伴い、次第に選挙権拡張や議会改革が要求されるようになっていた。保守党の前身ともいうべきトーリー派による反発や採決での否決を何度も乗り越え、第一次選挙法改正の実現にこぎつけたのは、自由党の前身の一部を構成するホイッグ派のグレー内閣時代であった。選挙民の増加という点では微々たるものだったが、結果としてトーリーとホイッグ両派の初期的な組織化（近代化）もそれなりに進展した。また、この改革の賛否をめぐり、賛成派（ホイッグ）と反対派（トーリー）という構図で、政界再編ないし政党制の整序も進んだ。

当初この選挙法改正に反対の立場を表明していたトーリー側では、1835年総選挙活動中、首相のピールが前年自らのタムワース選挙区で演説を行い、これまで反対してきた第一次選挙法改正について、「制度を保存するための慎重かつ穏健な改革であれば、これを受け容れる（覆さない）」と表明した（「タムワース宣言」）。このタムワース宣言は今日的マニフェスト（manifesto）の起源として位置づけられると同時に、時代の要請に応えた新しい自由主義的保守主義のプリンシプルとしても評価できる［渡辺 2007：181-202］。

1820～40年代にかけてトーリー・保守党のリーダーだったピールは、それ以外にも結社禁止法の廃止や警察制度改革、そして保護貿易から自由貿易路線への転換を意味する穀物法撤廃（1846年）など、様々な自由主義的改革に着手している。もっとも、元来農業や保護貿易に依拠することの多い地主貴族主体の保守党では、穀物法撤廃の断行に反対（保護貿易の維持に固執）する議員が多く、党内少数派として孤立したピール（派）は保守党から離脱（党内分裂）してしまった。その結果ピール派は自由党に再編されることになる。

このように保守党政権においてさえ、この時期に自由主義的な改革や民主化が実現した背景には、ピール自身がランカシャーの綿業経営者（中産階級）だったことに加え、当時のヨーロッパ全体の時代精神（Zeitgeist）が自由主義的な流れになっていた点も大きい。さらにその背景をたどっていくと、ウィーン体制によって生じた保守反動的な国際秩序（ウィーン体制）に対する「リアクション」、さらには、18世紀後半のイギリスを皮切りにスタートした、社会構造の根本的改革、すなわち産業革命とそれに基づく資本主義の発展に行き着く。

議院内閣制の制度化——なぜイギリスで議院内閣制が成立したのか

イギリスで議院内閣制が定着した理由。それは、第7章で説明するイギリス革命、とりわけ名誉革命を通じて議会主権が確立し、議会の力がその後着実に伸展していったからである。また、先述した選挙法改正や二党制の整序をはじめ政党の組織化（近代化）も、その延長線上に位置づけられるといってよい。

一般に議院内閣制は、下院の政党勢力を反映してつくられた内閣が議会に連帯して責任を負い、下院の信任がある限りその地位にとどまる政治制度である。したがって、議院内閣制を条件づける要素として責任内閣制（閣僚は国王にではなく、議会に責任を負う）、連帯責任制（閣僚たちが連帯して議会に責任を負う）、政党内閣制（複数政党制を前提とする）の三つを指摘することができる。このような特徴をもった議院内閣制の出発点、すなわち「責任内閣制」が18

世紀前半（1721～42年）のイギリスで確立するようになったのは、イギリス政治に関心をもたないドイツ出身の国王（ハノーヴァー王朝のジョージ一世、ジョージ二世）が信頼できる有力政治家に閣議主宰を委ねたこと、その役割を当時大蔵大臣（第一大蔵卿）だったウォルポールという議員が担い、皮肉を込めて「首相」（Prime Minister）とよばれるようになったこと、そして国王の支持があったにもかかわらず下院の支持を失ったことでウォルポールが辞任し、それが先例になったこと、などの「偶然的要因」によるところが大きい。

しかしながら、名誉革命後、事実上国政の主導権を獲得したイギリス「議会」の重要性と役割が「国王」のそれを次第に凌駕していったこと、そしてその積み重ね（政治的慣習・慣例）の制度化に伴う「構造的要因」もやはり無視することはできない。

その後1780年代になると、下院で不信任を受け議会を解散し総選挙を行った首相・小ピットの行為も先例となり、閣僚たちは下院（ひいては国民）の支持を得た強力な首相の下に一致団結して行動するという「連帯責任制」も次第に確立するようになっていった。そして19世紀前半、とりわけ1832年の第一次選挙法改正や1846年の穀物法撤廃といった一連の政治争点ないし政治的対立軸をめぐる抗争を通じて、政界再編や政党の発達とともに単独政党主体の「政党内閣制」も定着していくことになるのである。

したがってイギリスにおける議院内閣制も、それに関連した「首相」という地位・役職も、その制度化は、単一成文憲法典の規定によるものではなく、議会主権確立後の政治的慣習・慣例の歴史的積み重ねを通じて徐々に実現していったことがわかる。加えて、様々な「偶然的要因」と段階的な「構造的要因」の融合ないし結合によって成立したということも忘れてはならない。

アメリカ大統領制と二大政党の発展――なぜアメリカで大統領制が成立したのか

ここでいう大統領制とは、アメリカ型大統領制を指している。それは、「元首の地位と行政部の首長を結合し、さらに大統領を立法部によらず国民に選挙させることによって行政部を立法部から独立させ、制限された政府の枠内で相対的に強力で能率的なリーダーシップを確保しようとした」〔阿部・内田・高柳編 1999：284-285〕政治制度である。周知のようにアメリカの大統領制は、相対的に徹底した三権分立の原則に依拠する。独立後、１７８７年の憲法制定会議の採択を経て１７８８年から始動したアメリカ合衆国憲法に基づき、大統領制は展開していった。

アメリカ合衆国は共和政の連邦制国家（連邦共和制）として知られる。既述のように連邦政府は、制限ないし限定された権限のみを行使して、その他の基本的な統治権は各州が所有するという構造を採用している。それゆえ連邦制（連邦と州…タテの権力分立）も大統領制（三権分立…ヨコの権力分立）も、権力分立（権力の抑制と均衡）をその基本原理としていることがわかる。

こうした特徴を有する合衆国憲法ならびに大統領制が採用された背景として、独立達成以前の旧・植民地時代から存在した各邦（州）の自主性（自律性）の強さに加え、邦の独自性を極端に制約しない程度に――通商上あるいは対外関係上――各邦全体を統括する連邦（中央）政府の必要性が議論され、その結果各邦（州）の合意によって合衆国（連邦）政府が設置された点などを挙げることができる。そして、こうした合衆国憲法制定の必要性を訴えた人びとを「フェデラリスト」（連邦主義者）といい、それに対して従来どおり各邦の自主性を重んじて〝緩やかな連合〟を支持する立場を「アンチ・フェデラリスト」（反・連邦主義者＝州権主義者）という。

ハミルトンやマディソンらに代表されるフェデラリストたちは、世論に訴え連邦的な新憲法案の批准を確保するため共同で論文を執筆しており、それは『ザ・フェデラリスト』（*The Federalist*）という論文集ないし同時代的解説書・

注釈書となって1788年に公刊された。では、連邦制推進派の党派的文書である同書の政治学的意義とは何であろうか。翻訳者の斎藤眞が「……より重要なことは、同書が、およそ政治の根底にある権力の必要性と権力の危険性との緊張を鋭く把握し、権力と自由との均衡をいかに確保するかを説いた書として、賛否は一応別として、時代をこえて読者に迫るものをもっていたことであろう」〔ハミルトン／ジェイ／マディソン 1999：4〕と述べていることからもわかるように、その重要性は明らかである。

さらに合衆国憲法制定をめぐる「連邦派」と「州権派」の対立・論争には、アメリカ二大政党の起源ないし源流が見て取れる。独立達成後の主な政治争点が合衆国憲法制定問題だったからである。そこでここからは、アメリカ二大政党の初期発展プロセスについて、これを三つの時期に区分したBeard〔1928：邦訳31〕の所論に基づき説明していこう。

ビアードによれば、その第一期は合衆国憲法制定・発効直後の1789年（初代大統領ワシントンの就任年）から米英戦争（1812～14年）を経た1816年までの時期で、合衆国憲法制定の目標を達成した「フェデラリスト」（連邦派）と、アンチ・フェデラリストの流れをくむ「リパブリカン」（共和派）の時代である。その後、前者は次第に消滅していき、1823年に第五代大統領モンロー（リパブリカン）が「モンロー宣言」を発表した頃には、事実上後者の「一党状態」となっていた。

しかしその後、1830年頃になると、後述する「ジャクソニアン・デモクラシー」で知られる第七代大統領ジャクソン（在任1829～37年）が登場したことで、リパブリカンは反・ジャクソン派の「国民共和党」とジャクソン支持派の「民主共和党」に再分裂する。その結果、1830年から56年までの第二期は、国民共和党を前身とする「ホイッグ」対、民主共和党の流れを継いだ「民主党」の時代に入った。前者はリンカンが大統領に就任する直前の1854年頃「共和党」となり、ビアードによれば1856年以降は第三期、すなわち「共和党」対「民主党」の時代に入って現在に至ることになる。

以上の流れを概観してみると、二党制の成立プロセスにおいては政治的な「主要争点」（対立軸）に加え、ジャクソンのような「人物」の果たす役割も存外軽視できないことがわかる。孤児として育ったジャクソンは大農園の経営に成功して政治家となった。米英戦争時は軍人としてイギリス軍を打ち破り、一躍国民的英雄にのし上がった経歴をもつ人物である。そうした人気を背景にジャクソンは、西部出身者として初の大統領に就任した。アメリカ的出世物語を絵に描いたような人物といえるが、従来的なエリート層からすれば彼はコモン・マン、いわば〝成り上がり者〟だったため、大統領となった彼に対する妬みや反発も少なくなかったと想像される。

大統領としてのジャクソンは西部開拓を推し進め、強制移住法（1830年）によって先住民をミシシッピ川以西に追いやったことで知られるが、他方で選挙権の拡大（各州で白人男子普通選挙を実現）や公立学校の普及、東部の金権ブルジョア抑圧策なども展開したので、産業革命期に突入していた1830年代のアメリカは、先述したジャクソニアン・デモクラシーの時代ともよばれている。また、政治的党派的な公務員任用の慣習、すなわち「猟官制」（スポイルズ・システム）ともよばれる「情実任用制」もジャクソン大統領在任中に確立した［阿部・内田・高柳編1999：234］とされ、その意味では金権政治や政治腐敗の温床をもたらしたということもできるであろう。それゆえジャクソニアン・デモクラシーは、後年の猟官制廃止、すなわち専門知識や能力に基づいて公務員を採用し昇格させる「資格任用制」（メリット・システム）の導入と確立（1883年のペンドルトン法など）をはじめ、行政の効率化を目指す初期アメリカ行政学（例えば「政治・行政」二分／分離論）発展の〝遠因〟として位置づけることも不可能ではない。だとすると、ジャクソン大統領の果たした役割と影響は、功罪ともにきわめて大きいといえる。

いずれにしても、アメリカにおける大統領制と二大政党の発展は、当時における自由主義の進展や市民社会の発展と無関係ではなく、それらに対する「反応」ないし「対応」として理解することも可能なのである。

2　革命と自由主義

フランス第二帝政とボナパルティズム――なぜフランス第二共和政は帝政となったのか

後述するフランス二月革命（1848年）の結果、第二共和政（1848～52年）が成立した。48年の選挙で大統領に当選したルイ・ナポレオン（ナポレオン・ボナパルトの甥）は、51年には伯父と同じくクーデタにも成功している。そして翌年の国民投票で承認された結果、「帝政」を宣言しナポレオン三世として即位した。つまり第二共和政の途中から、その民衆的人気を背景に〝民主主義〟を通じて第二帝政へ移行したことになる。第二帝政は、フランスが普仏戦争でプロイセンに敗れる1870年まで続き、治世前半の積極的対外進出・海外膨張政策を展開した後、外交上の失敗を受けて治世後半は、比較的自由主義的な帝政に移行したとされている。

共和政から帝政に変質したナポレオン三世時代の政治は、ナポレオン一世時代同様「ボナパルティズム」（Bonapartism）と称されることが多い。ボナパルティズムとは、本来相対立する様々な階級的利害関係のバランスの上に〝調停者〟的役割をもった人物が君臨する政治形態もしくは統治モデルを指す。例えば、資本家階級には産業育成（パリ万博の開催）や海外進出政策（クリミア戦争への参戦やインドシナ出兵など）を通じてその利益を代弁し支持を調達した。その一方で、資本家と対立する労働者階級には保険立法や土木事業（パリ市大改造など）を通じてその利益を保護した。また、カトリック教会を保護してその支持を確保すると同時に、人口の大多数を占める農民に対しても土地所有権の保障を実施するなど〝ナポレオン崇拝〟を高めたりもしている。したがってそうした点では、前述したビスマルクの社会統合方式に似ているということもできよう。

但し、国家の発展や国民の福祉向上を目標とはしていたが、行政権や軍事・外交権はもちろん、審議権しか有しない議会への法案提出権なども「国家」、すなわち皇帝ナポレオン三世「個人」に集中していたので、ボナパルティズムを近代的あるいは開明的独裁という場合もある。しかしボナパルティズムは、産業革命（1830年代）を経験したフランス近代資本主義社会に立脚していたので、絶対王政や専制君主制ではないという点に注意しなければならない。加えて、ナポレオン三世の第二帝政は、民衆的人気と民主主義を基盤に成立しつつも、伯父ナポレオン一世の「カリスマ性」にも依拠していたとされている（世襲カリスマ）。

このように「近代」ではありながら、「現代」にも通じる何かを兼ね備えていた政治こそ、ナポレオン三世のボナパルティズムといっても過言ではない。

フランス二月革命とドイツ三月革命――なぜ1848年という年は重要なのか

1848年に起きた革命といえば、フランス革命以来二度目の共和政（第二共和政）をもたらしたフランス二月革命をまず挙げなければならない。第二共和政はルイ・ナポレオンによって第二帝政に移行するが、元来第二共和政はブルジョア共和派と社会主義派の連合に基づく民主的共和政治だったのである。同時にそれは、成年男子普通選挙制（1848年）に立脚し、人民主権や三権分立を制度化した大統領制でもあった。ところが、次第にブルジョア共和派と社会主義派が対立するようになったことや、男性のみとはいえ民主政治の拡充が、ルイ・ナポレオンを台頭させる一つの要因（第二帝政のきっかけ）になったとも考えられる。

フランス第二共和政がブルジョア共和派と社会主義派の協同で成立したのは、その前のフランス七月王政が当初の自由主義的性格から金権反動的性格に変質し、１８４８年に革命（二月革命）が起きて王政が打倒されたからである。この二月革命勃発のきっかけは、選挙権の拡大（民主化）を求める民衆の集会（改革宴会）を当時の首相ギゾーが弾圧したことによるところが大きい。それによって自由主義者の不満が爆発し、パリでは労働者や中小市民を中心とした暴動も起きるようになっていた。その結果、七月王政の中心人物であり途中から反動化したとされる国王ルイ・フィリップも、イギリスへ亡命した。二月革命を指導したのは、共和主義者で詩人のラ・マルティーヌや社会主義者のルイ・ブランなどであったが、結局両派合同の政権となる臨時政府の首班にラ・マルティーヌが就任し、共和政を宣言することによって成立したのが、フランス第二共和政であった。

後述するフランス七月革命（１８３０年）と比較した場合、フランス二月革命は体制が立憲君主制（七月王政）から共和制（第二共和政）に変化したので、その意味では二月革命の方が本格的な革命といえる。また、二月革命では、労働者階級や社会主義思想の果たした役割も無視できないであろう。二月革命がこのような特徴を有するようになったのは、やはり産業革命の実現（１８３０年代の七月王政期）に伴う産業資本主義の発達（工場プロレタリアートの出現）によるところが大きい。そしてナポレオン一世没落後成立した保守反動的なブルボン復古王朝（１８１４～30年）の幕を引き、自由主義的な立憲君主政を成立させたうえ、産業革命も実現したのがフランス七月王政（１８３０～48年）であった。その七月王政を成立させた出来事が前述のフランス七月革命であるが、その前に、１８４８年に起きたもう一つの革命であるドイツ三月革命について見ていくことにしよう。

ここでいうドイツ三月革命とは、ウィーン（オーストリア）とベルリン（プロイセン）を中心に１８４８年の3月頃生じた革命的出来事の総称である。まず、自由主義的な運動を抑圧してきた保守反動的な宰相メッテルニヒに反発し民衆がウィーンで暴動を起こし、メッテルニヒはイギリスへの亡命を余儀なくされた。またベルリンでも市民たちと政府の間で市街戦が起きた結果、市民の利益を代表する自由主義的な政権が誕生している。こうした一連の流れを受けて、ドイツ連邦を構成していた各国（諸邦）にも自由主義的な内閣が成立したとされている。この三月革命とよばれる出来事の結果と自由主義的な流れを受けて、1848年5月には、統一ドイツの憲法について議論する「フランクフルト国民議会」が開催された。これは一種の「制憲議会」であり、各邦出身議員が集う初の全国的議会としても知られている。

ドイツ統一形態の議論に多くの時間を割くことになったフランクフルト国民議会は、自由主義の流れに乗って穏健な立憲君主政的憲法の制定を目指し、プロイセン国王をドイツ皇帝に推挙することとなった。ところが国王は欽定憲法制定の意向を示し、国民議会の憲法草案を拒絶した。それに伴い革命的な勢いも衰退し、秋になるとウィーンでもベルリンでも反動的勢力が復活し始め、国民議会まで軍隊によって解散させられてしまったのである。ここにドイツ三月革命は、市民革命としては不十分ないし未完成のまま終結する形になってしまった。これ以降主導権は、自由主義者からビスマルクのようなユンカー（Junker）とよばれる保守的な大地主貴族層に移っていく（自由主義の流れに対する「リアクション」）。

このように、1848年という年には、自由主義の流れによってフランス二月革命、さらにその影響を受けてドイツ地域でも三月革命が勃発したが、フランスとドイツでは正反対の結末を迎えたことになる。その要因としては、資本主義経済の発展度合いの違いに加え、本格的な市民革命（いわゆるフランス革命）ならびに成熟した市民社会の経験の有無、さらにはそれに伴う統一的な国民国家の形成の有無などを指摘することもできるであろう。イギリスとフランスに対する〝ドイツ的特殊性・後進性〟ゆえといわざるを得ない。

フランス七月革命――なぜ1830年という年は重要なのか

フランスに話を戻すと、二月革命で打倒された（金権反動化していた）七月王政は、既述のとおり、その後期には保守反動化していた。その主な要因として、やはり自由主義や産業資本主義の発達とそれに伴う労働者階級の不満の増大や、社会主義思想の生成もあったのではないかと思われる。しかし成立当初（前期）のフランス七月王政は、自由主義の流れに影響された七月革命の基本的性格に加え、国王ルイ・フィリップも立憲君主として自由主義政策を支えたので、中産階級の利益にも合致していた。これは、フランス産業革命が1830年代のこの時期に展開したことと無縁ではなく、その意味でも政治と経済の相互関連性は無視できない。いずれにしても、七月王政の本質は、新興ブルジョアを筆頭とする金融（大）ブルジョア支配であった。それゆえ、それが悪い形で表れると金権腐敗につながりやすく、それに対する「リアクション」、すなわち革命の温床にもなり得るのであろう。

さて、七月王政（七月王国）を成立させた七月革命が打倒の対象としたのは、ブルボン復古王朝であった。つまり、保守反動的な君主制から自由主義的な立憲君主制（責任内閣制、制限選挙制）に移行しただけなので、七月革命は根本的な体制変革ではなく、単なる〝王朝の交代〟と見ることも可能である。しかしそれでも、当時の自由主義的風潮に影響された革命という点で重要な意味をもつといえよう。保守反動色の濃いウィーン会議の結果フランスに復活したブルボン家の王朝を倒し、後述する自由主義者ラ・ファイエットや前述のティエールらに指導された七月革命を通じて「フランス国民の王」として即位したのが、オルレアン家の自由主義者ルイ・フィリップである。

ではなぜ七月革命は起きたのであろうか。ナポレオン一世の第一帝政（1804〜14年）を受け継いだブルボン復古王朝（ルイ18世とシャルル10世）による復古王政（1814〜30年）が立憲政治から反動政治に変化し、自由を希求する国民の不満に火がついたからである。例えばシャルル10世は、極右王党派の中心人物として言論の自由を制限し、亡命貴族に年金を支給したりするなど保守反動的な政策を断行した。その背景として、この王政が保守的な地主層中心の政権だったことが指摘されている。

このように1848年の出来事も1830年の出来事も、いずれも当時の自由主義化の風潮による影響と、保守反動化や復古主義に対する「リアクション」としての自由化や民主化を反映したものだったことがわかる。そしてまた、1830〜40年代のジャクソニアン・デモクラシー、アメリカ産業革命、イギリス第一次選挙法改正、一連のチャーチスト運動、これらも同じ背景や文脈の「リアクション」として理解することも可能となるのである。

そして、とりわけ1848年にはイタリアやハンガリーでも民族運動が生じており、同時期のポーランド独立運動なども踏まえると、「諸国民の春」というべきナショナリズムの進展でも1848年という年は重要な節目だったといえる。因みに、マルクスとエンゲルスが『共産党宣言』（*Manifest der Kommunistischen Partei/ Das Kommunistiche Manifest*）を発表したのも、1848年2月のことであった。

3　ウィーン体制と保守反動の時代

国際秩序が及ぼす様々な影響――なぜウィーン体制は重要なのか

既述のように革命後・ナポレオン以後のフランスでブルボン王朝が復活した背景には、ウィーン体制の存在と影響があった。したがって、〝反・フランス革命的かつ反・ナポレオン的な〟（主に西欧を中心とする）国際秩序、すなわちウィーン体制（その中心人物の名前から「メッテルニヒ・システム」ともよばれる）の基本的性格について説明せねばならない。フランス七月革命が「第二フランス革命」と称される所以である。

そうした意味で、例えばフランス国内政治とその変化において、保守反動的性格をもつウィーン体制の成立（1815年頃）は「ブルボン復古王政」の成立に、ウィーン体制の動揺は「七月王政」の成立（七月革命の勃発）に、そしてウィーン体制の崩壊は「第二共和政」の成立（二月革命の勃発）に、それぞれ影響を及ぼしていたといえるであろう。

さらにウィーン体制が重要なのは、それによって「保守反動」の流れが促進され、「自由主義」的性格を有する市民的政治体制が――結果として一時的なものだったにせよ――厳しい試練を迎えたからである。それゆえウィーン体制の崩壊によって1848年の一連の出来事が生じたわけだが、これは、全体の流れが「保守反動」から「自由主義」、あるいは「ナショナリズム」に再びシフトしたことの表れ（リアクション）であった。

またウィーン体制の重要性として、イギリスの国際的台頭を促した点も無視できない。ウィーン体制は反・フランス革命、反・ナポレオン的性格（ナポレオンの封じ込め、戦後処理、新国際秩序形成）を伴っていたので、必然的にフランスのライバル・イギリスが世界の覇権を担うことに直結しやすいからである。いずれにしても、ウィーン体制が成立するようになった背景には、ナポレオン・ボナパルトの時代（ナポレオン時代）と、その〝産みの親〟であるフランス革命の経験があったことは間違いない。

ウィーン体制の成立と展開――なぜウィーン体制は保守反動的なのか

周知のようにウィーン体制は、1814年、ナポレオンがエルバ島に配流された数カ月後に開かれたウィーン会議（1814～15年）と、それに伴うウィーン議定書調印（1815年）を通じて成立した。各国の利害関係が入り乱れ、「会議は踊る、されど進まず」と風刺されたウィーン会議を提唱したのがオーストリアの宰相メッテルニヒである。

そのためウィーン体制は既述のとおりメッテルニヒ・システムとも称される。会議開催期間中、配流先からの脱出に成功したナポレオンがパリに戻り、いわゆる「ナポレオンの百日天下」（1815年3～6月）があったとはいえ、もはや全体的な流れはナポレオンに味方せず、結局ナポレオンは再びセントヘレナ島に配流となって21年に死去した。こうしてナポレオン時代が名実ともに終焉を迎えると、一転してその「リアクション」というよりそれ以上の「バックラッシュ」（反動）の嵐がヨーロッパ中に吹き荒れることとなった。

このようにウィーン体制が保守反動的なのは、急進的な「フランス革命」とその落とし子「ナポレオン体制」に対する反発や批判がヨーロッパ各国の指導者の間で大きかったこと、会議を提唱したメッテルニヒその人が自由主義や民族主義の動きに否定的で、これらを抑圧していたことなどが指摘できる。要するにウィーン体制とは、フランス革命を通じて生まれた自由主義やナショナリズムの流れを可能な限りストップさせ、それらを抑圧ないし根絶しようとするための国際秩序だったのである。

そうした性格をもつウィーン体制の基本原理として、正統主義が挙げられる。これは、一言に要約すれば、ナポレオン没落後のヨーロッパ世界をフランス革命以前の状態に戻そうという考え方である。フランスのブルボン家など旧・王家の復位（復古王政）に象徴されるように、革命以前の支配関係を正統と認める政策であった。同時に、ナポレオン帝国のような突出した大国がヨーロッパを蹂躙しないよう主要国同士「勢力均衡」を維持することも、ウィーン体制の基本原理といえるであろう。

これら二大原則を補完するための国家間同盟として、ロシア皇帝アレクサンドル一世の提唱によって1815年に成立し、プロイセンなどが参加した神聖同盟がある。これはナポレオンの台頭によって必要とされた君主国相互の平和保障機構であり、キリスト教精神に基づき相互援助を行いながら、自国民に対しては家父長的慈愛精神による平和の維持を目的とするものであった。加えて、同年に成立した四国同盟（オーストリア、プロイセン、ロシア、イギリス、後にフランスが参加して五国同盟となる）は、フランス革命の精神を抑圧し、ナポレオン一門を永久追放することを目的としていた。こうした布陣でウィーン体制は、例えば１８２０年代初頭にイタリアで生じたカルボナリの蜂起やスペイン立憲革命などを鎮圧している。こうしてヨーロッパを中心とする西洋政治史は、新たな局面を迎えることとなった。

ウィーン体制の問題点とイギリスの動向――なぜウィーン体制は崩壊したのか

実は、こうした状況下でも、いったん芽生えた自由主義やナショナリズムは決して完全消滅したわけではなく、また政府の弾圧によって根絶やしにされたわけでもなかった。

また、ウィーン体制を支えた神聖同盟といっても、所詮君主同士の博愛主義的感情表明でしかない。さらに、四国（五国）同盟も決して一枚岩ではなかった。例えば、１８１０年代から20年代にかけて中南米地域が次々独立する動きを見せると、メッテルニヒはこれを革命と見なして干渉しようとした。ところがイギリスが商業上の理由などからこれに反対したことで、イギリス海軍を利用することができなかった。このように20年代頃からイギリスは、カニング外相を通じてギリシアの独立を援助したり、五国同盟を脱退（１８２２年）したり、アメリカ大統領モンローの不干渉政策・モンロー主義（１８２３年）を支持したりするなど、独自の自由主義外交（カニング外交）を推進していったのである。

18世紀後半から産業革命をいち早く経験し産業資本主義の発達期にあったイギリスは、独自の外交を通じて国益の拡大に努めていた。こうした一連の変化を通じてメッテルニヒらの当初の目標は挫折し、結果的にウィーン体制は崩壊していくこととなった。その意味でも資本主義の発展と自由主義の間には、相互関連性が認められる。

続いて、メッテルニヒに象徴されるウィーン体制が〝目の敵〟にしたナポレオン・ボナパルトの時代、特にフランス第一帝政期の内政と外交について説明していくことにしよう。

4　ナポレオンとその時代

ナポレオン戦争の意義——なぜナポレオン戦争は重要なのか

革命フランスとナポレオンに対する包囲網、すなわち対仏大同盟に対抗し、ナポレオンは自分のフランス帝国を拡大した。トラファルガーの海戦（1805年）ではイギリスに敗北し海上権を失ったものの、同年のアウステルリッツの戦い（三帝会戦）でオーストリアを征服したことは大陸制覇の足掛かりとなった。1806年の保護貿易的な大陸封鎖令を通じてイギリスを通商経済面で圧迫したナポレオンの大陸制覇は、翌年のティルジット条約で完成した。イギリスなどを除くほとんどのヨーロッパ地域を影響下に置いたナポレオンであったが、大陸封鎖令に背いてイギリスとの貿易を再開したロシアに遠征し、いわゆる〝冬将軍〟に敗退してから没落の一途をたどることになる（1812年）。翌年のライプティヒの戦い（諸国民戦争）でフランスがプロイセンやオーストリア、ロシアに敗北すると、イギリスの侵攻も許すようになり、1814年にはパリも陥落してナポレオンは退位、そしてエルバ島へ配流となった。いわゆるナポレオン時代は、こうして終焉を迎えたのである。

「個人的な野心に基づく侵略」か、それとも「革命の輸出」か——様々な評価があるにせよ、一連のナポレオン戦争はなぜ重要なのか。ナポレオンのフランス帝国拡大とその支配ならびに影響力を通じて、必然的に革命フランスの精神が浸透した。その結果、他のヨーロッパ地域でも自由主義とナショナリズム（民族主義）が芽生えたとされるからである。例えば哲学者のフィヒテは、1808年頃、フランス軍が支配するベルリンで「ドイツ国民に告ぐ」という講演を行い、ドイツ再建を訴えた。このように、ナポレオンが当時のヨーロッパに与えた影響は大きかった。では、第一帝政期におけるナポレオン・ボナパルトの内政はどのような特徴をもっていたのであろうか。

フランス第一帝政と元祖ボナパルティズム――なぜナポレオンは皇帝となったのか

前述したナポレオン三世のボナパルティズムは、ナポレオン一世の統治モデルに由来している。両者とも「帝政」だが、ボナパルティズムが近代的・開明的独裁ともよばれているのは、近代資本主義社会・市民社会に立脚した体制ゆえ「専制」君主制とは異なっているからである。このボナパルティズムについてはフランス第二帝政のところで既に説明したので繰り返さないが、ナポレオン一世の〝元祖〟ボナパルティズムの方がより軍事独裁的色彩が強い。また、資本主義の発達という点でも、この時期のフランスが産業革命を経験する前の状態だったことに留意する必要がある。

ボナパルティズムが近代市民社会に立脚しているという点については、ナポレオンが皇帝に即位する数カ月前の1804年3月に制定された「フランス人の民法典」、のちのいわゆる「ナポレオン法典」の内容からも明らかであろう。革命や政治的変動の成果は、憲法などの諸法令という形でまとめられ、実施されるのが一般的である。ナポレオン法典は「所有権の絶対性」や「契約の自由」などを定めており、フランスにおける近代市民社会と資本主義経済の基本原理がこれによって法的に確立したといえる。その意味でもナポレオンは、フランス革命の落とし子ということができる。

では、なぜナポレオンは皇帝に就任したのか。基本的には甥のルイと同じように1804年5月の国民投票を経てフランス皇帝に就任しているので、国民的人気が高く、国内的要請もそれなりに大きかったのではないかと思われる。また、1769年にコルシカ島で産まれた彼は、どちらかというとイタリア文化の影響が強い地域で育っている。そのため、共和政から帝政への道を拓いた古代ローマのカエサルに自分をなぞらえていた可能性も否定できないのではないか。いずれにしても、国内諸勢力の利害関係を調停する役割や、混乱した国内社会統合の象徴的役割が、「皇帝」による統治（開明的独裁）という形で必要とされ期待されたのであろう。もしかすると、第三共和政の説明でも触れたが、革命思想（共和政）とフランス的伝統（君主政）を調和させた産物こそナポレオンの「帝政」だったのかもしれない。

「歴史は繰り返す」といわれるが、伯父と甥、二人のボナパルティズムは、革命による混乱と国民的人気（本人のカリスマ性）で登場し、軍事力と調整力で安定を維持したものの、対外戦争の失敗でその終焉を迎えることになる。

ナポレオン・ボナパルトの登場――なぜナポレオンは政権を獲得できたのか

ナポレオン・ボナパルトが皇帝に就任する前の政府は、第一共和政期の「統領政府」（1799～1804年）である。彼が「ブリュメール18日のクーデタ」（1799年11月）によって「総裁政府」（1795～99年）を軍事力で打倒し、「第一統領」として統領政府の実権を事実上握った時点でフランス革命は終了した。行政評議会制ともいうべき統領政府で、ナポレオンは確かに政治的自由を破壊したかもしれない。しかしその一方で、法の下の平等や労働者の利益などは重視したともいわれている。そして1802年には国民投票を通じて「終身統領」に就任し、その二年後帝政開始に至るのである。

このようなプロセスを経てナポレオンが政権を獲得できた要因としては、何といっても本人の人気に加え、軍部（陸軍）を掌握していた点が大きい。ナポレオンがクーデタで打倒する「総裁政府」は、急進派（左派）と王党派（右派）の均衡の上に成り立っていた。それゆえ総裁政府は常に左右から〝揺さぶり〟を受けていた可能性が高く、総裁政府の安定を物理的に支えていたのが、ナポレオンを中心とする軍部の「軍事力」だったからである。したがって、ナポレオンが台頭し政権を獲得できた要因の一つとして、もちろん本人の能力やカリスマ性も否定はできないが、政情不安を背景に発言力を増してきた軍部の存在、そして何より革命末期に登場した総裁政府の性格を無視することはできない。

次の第6章では18世紀の市民革命、すなわちフランス革命とアメリカ独立革命を採り上げるが、まずフランス革命の十年（1789～99年）を、この総裁政府時代から〝遡って〟説明していくことにしよう。

第6章 18世紀の市民革命──圧政に対するリアクション（1）

1 フランス革命後期（1792─1799）

総裁政府（再び穏健共和派）の時代──なぜ極端な権力分立制を採用したのか

この総裁政府では、ロベスピエールの独裁や恐怖政治に象徴される「急進共和派」に反発した「穏健共和派」（いわゆるテルミドール派）が主導権を握った。前政権の極端な権力集中や平等化を嫌うテルミドール派を支えていたのが新興ブルジョア、そして保守化した分割地農民（分割売却された国有地を購入した中農層）であった。彼らはロベスピエールの政治手法には反対したものの、革命そのものを否定したわけではなく、王政復古を特に望んでいたわけでもなかった。財産所有に伴い、混乱した秩序の回復と安定を単純に求めていた人たちの政権が総裁政府だったと考えられる。それゆえ独裁政治復活を阻止する以上、それに対するリアクションとして権力集中防止が絶対不可欠だったのである。

その制度的特徴は、テルミドール派主導の国民公会が1795年8月に決議した「1795年憲法」（共和国第三年憲法）からも明らかである。自由と所有権を再確認するとともに、間接選挙・制限選挙制を採用したほか、独裁の温床となり得る権力集中制を否定するため、既述のとおり極端すぎるほどの権力分立制を導入した。具体的には、立法権については元老院と五百人会議から構成される二院制を導入し、行政権に関しても五人の総裁（合議制政府）を置いた。このように権力分立を徹底したということは、「平等」よりも「自由」を志向する流れが強まったことを意味している。そしてこの95年憲法は、99年のクーデタで実権を握ったナポレオン・ボナパルトによって新憲法（立法権が四院制の議会に、行政権が任期十年の統領三人に付与された、いわゆる「統領政府」の憲法）が制定されるまで続く［大山 2006：8-9］。

ロベスピエールを逮捕・失脚させた事件は、一般に「テルミドール9日のクーデタ（テルミドールの反動）」（1794年7月27日）として知られている。因みに、革命歴（共和歴）のテルミドールとは「熱月」を意味しており、西暦の7～8月にあたる。ナポレオン第一帝政期の1806年に廃止されるこの革命歴は、宗教（キリスト教）的時間枠依存からの脱却を目指して1793年に国民公会（山岳派）が採用した暦であった（時間の革命）。なお、ナポレオンが実権を掌握した「ブリュメール18日のクーデタ」のブリュメールは「霧月」を意味し、西暦では10～11月となる。

山岳派（急進共和派）の時代——なぜ独裁と恐怖政治に陥ったのか

いわゆる山岳派独裁とその内輪もめから、ロベスピエールの個人独裁（恐怖政治）にエスカレートしていく。平等化や民主化の理念を徹底的に追求し、困窮する民衆の利益や生活苦もそれなりに考えた結果、保守勢力の反発を抑えるために、独裁そして恐怖政治になってしまったと考えられる。そして、決議だけで施行には至らなかったものの、この時期の政治理念を象徴しているのが1793年6月の「1793年憲法」（共和国第一年憲法、いわゆるジャコバン憲法）であった。

君主政廃止と共和政実施を背景に登場したこの憲法は、（男子）普通選挙制や一院制国民公会への権力集中に加え、平等権や今日の社会権的内容も含むきわめて民主的かつ急進的な内容で知られている。つまり「自由」以上に「平等」を徹底しようとするものであった。ところが革命などの激化により実際は施行されなかったため、「理想」のみを主張するだけで終わってしまった。逆に「現実」の部分、すなわち〝理想を追求するための恐怖政治〟が独裁という形となって表れたのであろう。歴史的に見た場合、あるいは一般的にいっても、理想を追求するあまり独裁政治や恐怖政治（テロリズム、すなわち暴力や恐怖で人を支配する政治、あるいは政治目的の暴力行為）になり果ててしまうケースは数多い。

さらに、ロベスピエールを中心とする山岳派（この時期の狭義のジャコバン派）がジロンド派から権力を掌握できたのは、外国による反・革命的干渉戦争（以下、対外戦争）の戦局がフランス側に不利となり、生活に苦しむ民衆の不満が高まっていたからである。この一連の対外戦争を仕切っていたのが主戦派のジロンド派であった。

戦局がフランス側に好ましからざる状況となったのは、この戦争が当初の「革命防衛」戦争から「革命輸出」戦争に変質したこと、そして何より1793年1月に国王ルイ16世が公開処刑されたことが大きい。これらは君主制の諸外国からすれば脅威以外の何物でもなく、国際的な反発は必至だったからである。その結果、同年にはイギリスの首相小ピット主導で第一回対仏大同盟（1793～97年）が結成され、名実ともにフランスは孤立して戦局も総じて不利となった。そうなると主戦論のジロンド派政権が弱体化する代わりに、生活に苦しむ民衆に蜂起を訴える山岳派へ主導権は移っていく。では、なぜジロンド派政権期に国王は処刑されねばならなかったのであろうか。

ジロンド派（穏健共和派）の時代——なぜ国王は処刑されたのか

山岳派はともかく、当初ジロンド派は国王処刑を全面的に支持していたわけではなかった。しかしながら革命の進展に加え、生活に苦しむ民衆の声に押された結果、国王裁判そして処刑という流れに抗することができなかったのだと思われる。一方対外戦争に関しては、ヴァルミーの戦い（1792年9月20日）で初勝利したことをきっかけに、前述のとおり、革命防衛型から革命輸出型に変化していった。

ヴァルミーの戦いでフランス軍が初勝利した日に国民公会（一院制）も開催され、その直後に「王政廃止と共和政開始」が宣言された（1792年9月21～22日）。それに伴い立憲君主政を表す1791年憲法（後述）も、それに基づく立法議会も、事実上停止されたといえる。これによってナポレオンの第一帝政開始まで、フランスは第一共和政（1792～1804年）の時代に入ることになる。そして1792年8月10日に起きた「八月十日事件」は、パリの民衆が武装して宮殿を攻撃し、国王一家が捕えられた事件として知られる。これによって王権の停止や国民公会の実施などが決定され、革命の一層の急進化に加え、商工業者など中流市民を主軸としたジロンド派（穏健共和派）の主導権も確立するに至った。

2　フランス革命前期（1789—1792）

フイヤン派（立憲君主派）の時代——なぜ立憲君主政に移行したのか

ジロンド派内閣が成立する半年ほど前、一院制の立法議会が成立した。これは1791年9月に決議されたフランス史上初の「1791年憲法」に基づくものであった。そして、この91年憲法によってフランスは、専制君主政から立憲（制限）君主政に移行したと見ることができる。同憲法では間接選挙・制限選挙制や権力分立制に加え、国王に行政権や立法拒否権が認められていた。

さらにこの憲法の土台は「人間および市民の権利の宣言」、いわゆる「フランス人権宣言」（1789年8月26日採択）である。権利の平等・国民主権・権力分立・基本的人権の保障をその主な特徴とするフランス人権宣言では、所有権の不可侵性に代表されるブルジョア的利益が優先されていた。また、その直前には封建的特権の廃止も宣言されていたので、まさに旧体制（アンシャン・レジーム）の「死亡証明書」とよぶに値する内容であった。

この時期は上層市民やラ・ファイエットなど自由主義的な貴族を主な支持層とするフイヤン派中心の時代である。それゆえ君主政を打倒しなくても、旧体制を否定し経済活動の自由や私有財産制などを確保できれば、上層市民や自由主義的貴族たちの利益や要求は達成されたといえた。それゆえ、ここで革命が完全に終わっていれば、フランスもイギリスと同じような立憲君主政体となっていたかもしれない。しかし、これまで見てきたように、革命の急進化とナポレオンの台頭により、フランスはイギリスと全く異なる道を歩むことになるのである。

フランス革命が急進化ないし過激化した要因の一つに、国王一家に対する民衆の不満・怒りが挙げられるかもしれない。例えば、1791年6月のヴァレンヌ事件とよばれる出来事によって反・国王感情が高まったことは否定できないからである。これは、王家が王妃の実家オーストリア（外国）の支援を得ようとしたが、失敗したので、国王一家がパリを脱出しオーストリアに逃亡しようとしたところをヴァレンヌという場所で逮捕された事件をいう。これ以降、立憲君主政の確立を革命の終了と考える穏健派と、王政廃止・共和政を目指す急進派の主導権争いが、重要な意味をもつようになったと考えることができる。

革命の勃発——なぜバスティーユ牢獄が襲撃されたのか

では、なぜフランス革命は始まったのか。換言すれば、なぜ1789年7月14日にバスティーユ牢獄が民衆によって襲撃されたのであろうか。その理由の一つは、襲撃が起きる三日前、財務総監ネッケルが国王ルイ16世によって罷免された結果、パンの値段が上がったからともいわれている。不穏な動きは農村にも波及した。そして10月には、パンを求めて国王に抗議の意思表示をするためのヴェルサイユ行進（十月事件）が、パリの主婦層を中心に行われている。

一方、1789年6月には、憲法が制定されるまで議会を解散しないとする「球戯場（テニスコート）の誓い」が第三部会によってなされた。その結果国王は、第一身分（聖職者）の第一部会と第二身分（貴族）の第二部会を「国民議会」に合流させ、以後「憲法制定議会」と称するようになった。

周知のように国民議会は、現在のフランスでも下院の名称として残っている。これは、当時非特権身分であった第三身分（市民や民衆）の第三部会が行った独自の宣言に基づき、成立した議会のことである。体制変革の恐れを感じたルイ16世が第三部会の議場を閉鎖すると、集まる場所を求め第三部会の議員たちが球戯場に集合したことから、先述の「誓い」がなされたのであった。このように、当初は王政の廃止というより憲法の制定が主な目標だったのである。

第三部会がこのような動きを見せたのは、1789年5月5日に三部会（フランスの身分制議会）が開かれた際に、審議・議決方法をめぐり部会別（身分別）の議決を求める第一、第二部会側と、それを拒否する第三部会側が対立したからである。そこで第三部会は独自に議会を開き、国民議会を宣言したわけである。だとすれば、どうしてフランス国王は久しぶりの三部会実施に踏み切ったのであろうか。

革命の背景と基本的性格——なぜ三部会を開催したのか

ルイ16世が約175年ぶりの三部会開催を決断したのは、三部会を開かない限り、貴族たち（第二身分）も国王の命令に従ってくれなかったからである。

この当時フランスでは、イギリスとの一連の植民地獲得競争とそれに伴う戦争を経験していたことに加え、豪華な宮廷生活を維持するため出費が増大していた。したがって必然的に国家（王室）財政負担も大きくなっていた。そのため財政改革が必要となったのだが、天候不順による凶作も全国的に悪影響を及ぼしていた。そこで国王は名士会を開き、貴族たちに地租を課すことを承認させようとしたが拒絶されてしまった。これは貴族たちが国王（絶対君主）に反抗したことを意味しており、その意味ではこの出来事こそ、一連のフランス革命の真の出発点といえるかもしれない。

仕方なくルイ16世は勅令を出して承認させようとしたがこれも上手くいかず、自分たちの特権を守ろうとした貴族たちは、三部会においてもこれを拒絶させるため、国王に三部会開催を要求し、こうした事態に至ったのである。

以上のように、中世以来の身分制度や絶対王政の矛盾・問題点に対する様々な不満が噴き出して、フランス革命は始まった。そして既述のとおり、紆余曲折を経ながらナポレオン・ボナパルトによって一応の決着がつくまで十年以上かかったということができる。それに加えフランス革命は、民衆や農民、女性、貴族なども含めた国内各層による、圧政に対する一連の「リアクション」であった。同時に、反革命を唱える諸外国の干渉という国外の「リアクション」も伴っていた。そうした意味でもフランス革命の基本的性格については、複合的かつ多面性をもった政治現象として理解しなければならない。

3　アメリカ独立革命の基本的性格

アメリカ独立革命の特殊性――なぜアメリカ独立戦争は市民革命といえるのか

アメリカ（独立）革命とは，広義ではイギリス本国の圧政に対する反抗（リアクション）に始まり，独立戦争を経て，先述した合衆国憲法制定に至る一連のプロセスを指している。周知のように北米の各植民地は，最終的には戦争によってイギリス本国（立憲君主制）からの「独立」を達成し，アメリカ合衆国という新国家（連邦共和制，大統領制）を建国した。その意味で独立および新国家・新憲法の構築プロセスは，「立憲君主制から連邦共和制への」体制変革，すなわち「革命」と見ることができる。

同時に，後述するように，「アメリカ独立宣言」（1776年）を通じて市民の自由を確認したという点で，アメリカ独立革命を「市民革命」（植民地側の市民を主体とした政治変動）と評価することも可能となる。ここに，アメリカ独立革命が市民革命として位置づけられる理由があると同時に，アメリカ独立革命の特殊性も見出せるといえよう。そこで，アメリカ独立宣言のポイントについてまず押さえておくことにしたい。

アメリカ独立宣言の意義――なぜ独立宣言は「人権宣言」といえるのか

ジェファソンらによって起草されたアメリカ独立宣言は，「独立」の宣言であると同時に，「人権」の宣言でもある。その理由は独立宣言本文からも明らかといえる。例えば，「われわれは，自明の真理として，すべての人は平等に造られ，造物主によって，一定の奪いがたい天賦の権利を付与され，そのなかに生命，自由および幸福の追求の含まれることを信ずる」という部分から、圧政に抵抗する根拠としての近代自然法思想と、それに伴う自由権など基本的人権の所有が宣言されていることがわかる。

さらに「また、これらの権利を確保するために人類のあいだに政府が組織されたこと、そしてその正当な権力は被治者の同意に由来するものであることを信ずる」とあるように、社会契約国家論的な考え方がそのベースとなっている。加えて、ロックの政治思想として有名な抵抗権（革命権）も、「いかなる政治の形体といえども、もしこれらの目的を毀損するものとなった場合には、人民はそれを改廃し、かれらの安全と幸福とをもたらすべしとみとめられる主義を基礎とし、また権限の機構をもつ、新たな政府を組織する権利を有することを信ずる」［高木・末延・宮沢編 2011：114］という部分に盛り込まれている。

したがって、アメリカ独立宣言は市民的自由の主張および確認を示した文書である。このような立憲的文書が独立戦争（独立革命）を通じて発表されたという事実からも、この出来事が単なる植民地独立戦争にとどまらず、市民革命としての性格も併せもっていたといえるのである。

アメリカ独立戦争の特質――なぜ植民地側は勝利できたのか

1781年のヨークタウンの戦いで植民地側（アメリカ）が勝利を収め、一連の戦闘は終結した。そして1783年には、独立を承認するパリ条約が締結され、名実ともに独立戦争は終わった。戦争中のヨーロッパ各国の動きを見てみると、植民地側から見た敵国イギリスはフランス、スペイン、オランダとも戦っていた。これら三カ国が植民地側を援助するため参戦したことに加え、ロシア、プロイセン、スウェーデン、デンマーク、ポルトガルは反英的武装中立同盟を組んでいた。つまりイギリス包囲網のようなものが国際社会によって形成され、その結果イギリスは孤立していたことがわかる。それゆえ，アメリカ独立戦争は，植民地側が単独でイギリス本国と戦っていたわけではなかったのである。

この当時のイギリスは，植民地獲得競争などを通じてフランス（絶対王政）と一種のライバル関係にあったことを忘れてはならない。フランスがアメリカを支援した理由の一つは，こうした英仏関係からも明らかであろう。また，イギリスがこの戦争に勝利を収めた場合，軍事面のみならず貿易や通商の面においても，イギリス一強状態がさらに強化され固定化する可能性があったと考えられるのである。そうした意味で，アメリカ独立革命に限ったことではないが，戦争について考察する際には，当時の国際関係（とりわけ英仏関係）や貿易・通商問題（経済関係）が果たす役割も無視してはならない。それゆえ，「政治と経済」「国内政治と国際政治経済」——これらの結びつきや関連性にも注目していく努力が必要である。

4　アメリカ独立革命の背景

イギリスによる重商主義政策の強化——なぜ戦争に至ったのか

戦争に勝利した結果，この一連の出来事はアメリカ独立革命ないし独立戦争として評価されている。しかし後述するように，植民地側の事情も様々で，最初から独立および開戦論で一枚岩だったのではない。ではなぜ植民地側は最終的に武力による独立を決めたのか。

それは，イギリス側が植民地側の同意を得ずほとんど一方的に税金を課したこと，つまり本国側からの重商主義政策に植民地が反抗し続けた結果であるといってよい。例えば，当時のイギリス国王ジョージ三世が印紙条令

（1765）に基づく植民地側への課税を認可すると、植民地側は「代表なくして課税なし」と決議して、これに抵抗の意思を示した。また、植民地側が輸入する紙やガラスなど日常必需品に輸入税を課すタウンゼント諸法（1767年）に対しては、イギリス製品不買運動で抵抗し、そして有名な茶条令（1773年）には実力行使でもって対抗し、いわゆるボストン茶会事件という暴動の発生に至った。

その結果、1774年にはフィラデルフィアで第一回大陸会議が開催され、抑圧的な諸法令の撤廃を求める決議を行い本国の重商主義政策に抗議したのである。パトリック・ヘンリが「われに自由を与えよ、しからずんば死を」という有名な演説を行ったのも、1775年頃のことであった。

しかしながらこうした一連の抗議が実らなかったため、ついに本国と植民地側の武力衝突に至ることとなった。一連の独立戦争は、レキシントン／コンコードの戦い（1775年）から始まる。そしてその翌年には、トマス・ペインの『コモン・センス』が刊行され、分離独立こそアメリカ大陸にとって真の利益と訴えたのである。

植民地側の内部事情——なぜ最初から戦争にはならなかったのか

武力衝突が始まってから「独立するのが常識だ」と訴えているということは、既に触れたように、植民地側も当初から独立一色ではなかったことを示している。

13植民地の総人口約250万人のうち、国王派（Loyalists）、愛国派（Patriots）、中立派、それぞれ三分の一ずつだったと考えられている。国王派は本国とイギリス国王に忠誠を誓う人びとで、大地主や大商人をはじめ国教会聖職者、高級官吏で占められていた。現状維持を基本としつつ、帝国内での地位の向上を目指す立場だった。それに対して愛国派は、本国に忠誠を示す以上に自立意識が高かった。

愛国派は、さらに「保守派」と「急進派」に区別することができる。前者は各邦を束ねる比較的強力な中央政府の樹立を求めており、独立後の「連邦主義者」に連なる人たちである。保守的な農園主や商人、弁護士などに多かったとされる。一方、同じ愛国派でも、後者は各邦の自由と自治を主張しており、独立志向が最も高かったと考えられる。進歩的な農園主や商人、自営農民などが多く、独立後の「州権主義者（反・連邦主義者）」の源流ともいえる。したがって、職業的要素が政治的主張の違いにほぼそのまま反映されており、その点でフランス革命のケースと類似している。

このような状況の植民地側に戦争そして独立を決意させるきっかけの一つとなったのが、先述したとおり、本国による一連の重商主義政策強行であった。だが、それとは別に北米13の植民地では、革命すなわち「急進的な政治的実験」を実施しやすい環境ないし条件が整っていたともいえるのである。それは大別して三つある。一つ目は、植民地に移住したイギリス人の多くは、元来本国での宗教的圧迫に耐えかねて大陸に渡った非国教徒（ピューリタンなど）であった。そのため北米13の植民地が、政治的急進主義の実験に関して比較的有利な環境にあったこと。二つ目は、国王はもとより伝統的な地主貴族も存在しなかったので、中産ないし下層階級主体の経済・社会環境にあったこと。そして三つ目に、北米大陸は大西洋を挟んで本国から距離的に遠かったため、統制されにくかったという地理的環境が挙げられる［北岡 1979：81-82］。こうした北米大陸東部という植民地側の特殊な環境や条件もまた、アメリカ独立革命を理解するうえで欠かせない。

加えて、植民地側の人びとの多くが元来イギリス人であった点も軽視することはできない。

例えばイギリス本国でも国王ジョージ三世と政府の方針に反発した議員たち（一応ホイッグ派と考えてよい）は、植民地側に同情的だったとされる。とりわけ、フランス革命を批判してイギリス近代保守主義の創始者とされるバークは、ホイッグ派の政治家としてアメリカ独立革命（戦争）についてはこれを支持していた。その理由は、イギリスの伝統的自由を保守しようという保守主義者の立場からすれば、植民地側の主張や動きは革命ではなく、むしろ北米大陸の地でイギリスの自由を擁護しようとする戦いであると考えたからであった［北岡 1979：83］。

さらにイギリス系の植民地は、上述した地理的条件ゆえ、本国から比較的大幅な自治が認められていたのも大きかった。地域によって違いはあるものの、各村落の教会をベースに直接参加方式の会合・タウンミーティングなどが定着していた。また、各植民地の代表・立法機関としての役割は植民地議会が果たしていたとされている。この植民地議会は、1619年に設置されたヴァージニア植民地議会が最初ともいわれており、その意味でヴァージニア植民地議会はアメリカ初の議会ということもできるかもしれない。そしてピルグリム・ファーザーズがメイフラワー号でプリマスに上陸したのは、翌1620年のことであった。

英仏の果てしなき争い――なぜイギリスは重商主義政策を採ったのか

植民地側は、イギリス本国の財政難とその克服のための〝被害者〟といえる。フランス革命の箇所でも述べたとおり英仏両国は、一連の植民地獲得競争とそれに伴う様々な戦争を経験していた。特に第二次英仏百年戦争の一部として、1754年から63年にかけてフランスと争った戦争でイギリスはフランスを破り、植民帝国、換言すれば19世紀における「パックス・ブリタニカ」の基礎を固めることに成功した。

1763年のパリ条約に基づき、イギリスがミシシッピ川以東のルイジアナを獲得してからは、北米のイギリス系植民地もフランスの脅威を意識しないで済むようになり、その結果本国を頼る必要もなくなってきた。しかし本国はといえば、度重なる戦争と相次ぐ出費で国家財政の疲弊は避けられず、為政者が選挙の洗礼を受けやすい本国有権者に課税するよりも、選挙の洗礼とは無関係な植民地の人びとへの課税や重商主義政策断行に乗りだすことになったのであろう。もとより植民地とは、そういうものであった。

このような背景によって、独立革命（爆発）に至る導火線に火がつけられた。いずれにしても、戦争と財政難に伴う人びとへの圧迫（圧政）、そしてそれに対するリアクションは、次章で扱うイギリス革命全般においても共通している。そしてまた、イギリスとフランスが比較的早い段階で近代的な国家形成と資本主義形成に成功していたからこそ、両国は植民地の獲得をめぐって競争や戦争を展開してきたのである。

第7章

17世紀の市民革命――圧政に対するリアクション（2）

1　イギリス革命における名誉革命の役割

立憲君主制の確立――なぜ名誉革命は重要なのか

名誉革命が重要な意味をもつのは、これによって「国王 対 議会」という一連の主導権争いに決着がついたからである。その結果イギリスは、絶対王政（専制君主政）を否定した自由主義的な制限君主制、すなわち立憲君主制を採用し今日に至っている。

名誉革命を通じて確認された議会主義・議会主権とそれに基づく王政（立憲君主政）は、立法権を「議会」、執行権を「国王」という形で、両者を棲み分けるものであった。国政の中心は議会であり、国王は議会制定法に基づいて執行権などを行使するのが原則とされた。とはいえ、その実態は「国王」「貴族院（上院）」「庶民院（下院）」、これら三者が融合しつつ、バランスを取りながら相互に影響力を行使していたと考えられる。そのため名誉革命に関しては、伝統的混合政体〝有効活用のための試み〟と見ることもできるであろう。

イギリス型立憲君主制の土台は名誉革命を通じてつくられたことから、「名誉革命体制」といっても過言ではない。この名誉革命体制を根本から支え、その中核に位置づけられるのが「権利章典」である。国王による専制行為をイングランド国民の歴史的権利や自由に反するものと非難して、新国王となるウィリアム三世・メアリ二世夫妻に議会が提出した「権利の宣言」を補足・公式化したものが、いわゆる権利章典となった。1689年12月に制定され、権利章典と通称されるこの「臣民の権利ならびに自由を宣言し、王位継承を定める法」は、王権の抑制を通じて自由を保障しようとする内容となっており、またプロテスタント系による王位継承を定めるものでもあった。

さらに、権利章典を補完する二つの重要な法令として、1689年に制定された「軍律法」ならびに「寛容法」を挙げることができる。前者は議会が軍を統制するという法律である。そして後者は、カトリック教徒などを除き、非国教徒（イングランド国教会の教義や儀式に従わない、清教徒などのプロテスタントの総称でNonconformistsとかDissentersという）に信仰の自由を認めるという法律であった。

このように、市民の権利と自由を保障する複数の法令に支えられた名誉革命体制は、まさに市民的で自由主義的な体制でもあった。その意味で名誉革命は、市民革命として位置づけられ得る。同時に、本質上「国王 対 議会」の主導権争いであった「イギリス革命」という一連のプロセスにおいて名誉革命は、いわば〝アンカー〟の役割を果たしたといえる。

しかし、自由主義を重視する名誉革命体制には〝非民主的〟な側面もあった。例えば、議院内閣制がまだ確立していなかったため、執行権の主体は従来どおり「国王」だった。また、国政の主導権を握ったとはいえ、当時の議会は上下両院対等で、かつ制限選挙制に基づく「地主寡頭制議会」でしかなかったからである。したがって、議院内閣制の定着に加え、議会とその制度を〝民主化〟していくことが、今後の課題となった。

カトリックの国王に対する国民的拒絶反応——なぜ名誉革命は成功したのか

後述するピューリタン革命とは異なり、名誉革命が大規模な「内乱」（civil war）にはならず、一応〝無血〟で達成されたのはなぜか。それは議会、すなわちホイッグ派の議員とトーリー派の議員が「カトリックの国王に反対」の立場で、ほぼまとまることができたからである。もちろん、たとえカトリックであっても国王に背くことはできないと考える議員も少なくなかったと思われる。しかしながら、総じて議会側の考え方は、これ以上カトリックの国王が続くのはイギリスとイギリス人の自由にとって好ましくないというものであった。そこで両派の代表が、オランダの統領でプロテスタントのウィリアムに招請状を送ることになったのである。

ウィリアム（ウィリアム三世）としても、オランダ（新教国）がフランス（旧教国）と対立関係にある以上、イギリスと同盟を組むことに異存はなく、まさに〝渡りに船〟といえた。こうして妻のメアリ（メアリ二世）と一緒にイギリスの共同君主として即位することに同意した。その結果、「カトリック＝流血の反動的専制君主」という理由で国民からも嫌われていたジェームズ二世はフランスへの亡命を余儀なくされた。こうして一連のイギリス革命は名誉革命をもって達成されたことになる。

したがって、カトリック寄りで反動化した国王ジェームズ二世に反発する議会側が「反・カトリック」という「リアクション」で概ね一致できたこと、イギリスではカトリックが流血やフランス風の絶対王政を連想させるため、国民による議会側への支持もあったと見られることなどが、成功の大きな理由と考えてよいかもしれない。

カトリックの王位継承者をこれ以上認めない——なぜ名誉革命は起きたのか

なぜ名誉革命は起きたのであろうか。それは、直接的には、1688年にジェームズ二世の皇太子（王位継承者）

が誕生したことで、カトリックの国王が続けて登場することに懸念が高まったからである。これまで王位継承問題に関しては、それが国王大権であるがゆえジェームズ二世に表立って反対してこなかったトーリー派議員も、さすがにこうなるとホイッグ派との利害関係がほぼ一致するようになっていた。したがって名誉革命の根源ともなった政治争点は、カトリックの王位継承者をめぐる問題にあったと見ることができる。

ではなぜ、カトリックかぶれの国王がイギリスでは嫌われたのであろうか。前述したように、多くの点で反動的だったからである。例えば、イングランド国教会の首長でありながらカトリックにも寛容的だった兄の国王チャールズ二世の死去に伴い１６８５年に即位したジェームズ二世は、チャールズ二世の庶子でこの即位に不満をもつ新教徒モンマス公ならびにその支持者たちの反乱（モンマスの反乱）を鎮圧し、反乱者に対していわゆる〝血の粛清〟を断行した。それに加え、国内の治安維持を目的に陸軍を常備軍として編成したほか、カトリック化するチャールズ二世に反発した議会が１６７３年に制定した「審査法」、すなわち非国教徒（特に旧教徒）を公職から排除するという内容の法律を無視し、彼らを公職に任命している。また、兄チャールズ二世を真似て信仰自由宣言を発令し、カトリックを信じてもよいとしたうえ、国教会側にそれを読み上げることまで命じた。これに関して国教会側の猛反発を受けると、今度は彼らを強引に逮捕した。したがって、カトリック化して反動化した国王のこうした一連の行為が、名誉革命が起きる原因を形づくっていったと考えられるのである。

ジェームズ二世が国王に即位する前は、その兄チャールズ二世が国王であった。このチャールズ二世は皇太子時代、ピューリタン革命勃発に伴い、絶対王政のカトリック国フランスに亡命した経験をもっている。したがって名誉革命の原因の一つは、１６６０年に実現した王政復古に求めることも可能となる。そこで今度は、イギリス革命における王政復古の意義やその本質について説明することにしよう。

2　イギリス革命における王政復古の意義

国教会体制の再建――なぜ王政復古を通じて名誉革命の原因がつくられたのか

王政復古は、後述するクロムウェルの共和政に対する一連の反動（リアクション）であった。それゆえ王政復古後は反・ピューリタン的政策、換言すれば国教会再建と国教会中心の政策が支持され実現を見ることになる。その象徴的かつ典型的な例として、新国王チャールズ二世の側近で国教徒の大法官クラレンドンの名前でなされた、反・ピューリタン色の濃い〝保守的改革〟を挙げることができよう。

王政復古によって事実上復活した「議会」（騎士議会ともよばれる）は、国民の和解ならびに国王・国教会主導による国民的統一を目指し、一連の「クラレンドン法典」を1661～65年にかけて成立させた。このクラレンドン法典は、一言でいえば「国王を頂点とする国教会体制」の再建を目指すもので、見方を変えれば非国教徒の抑圧を目的とした四つの法令の総称でもある。そしてこれらをさらに発展させたのが、前述の審査法であった。

チャールズ二世も、当初は国教会体制の再建を支持していた。それが国王を頂点とする支配体制の強化を意味していたからである。ところが、亡命先のフランス式絶対王政を次第に懐かしむようになったとされるチャールズ二世は、次第にカトリックに傾倒していく。そしてこの流れを加速させた出来事が、1683年のライ・ハウス陰謀事件であった。これは、ホイッグ派のとりわけ急進派が起こしたとされる国王および王弟（のちのジェームズ二世）暗殺未遂事件である。これに激怒したチャールズ二世は、ホイッグ派を弾圧するなど、次第に反動化していくことになった。

果たしてこの事件の真相はどうだったのか疑問点も多い。しかし、なぜ、このような事件にホイッグ派が関与しているとされたのであろうか。

政治争点の重要性——なぜ王政復古を通じて二大政党の前身が登場したのか

それは、彼らが中心となって提出した「王位継承排除法案」が不成立に終わったため、焦ったホイッグ派の一部急進的メンバーが仲間の一人の邸宅ライ・ハウスに集合し策謀したからだとされている。では、この王位継承排除法案とは一体どのような法案なのであろうか。

これは、チャールズ二世の王位継承最有力候補で王弟のヨーク公（のちのジェームズ二世）が旧教徒であったことから、彼を王位継承順位から排除しようとする目的で1679年に提出された法案を指す。そして同法案をめぐる院内論争や対立を通じて、二つの議員集団が形成されることになった。初期商業ブルジョアや非国教徒たちから支持されていた法案提出・賛成派は、反・国王的立場でもあったので「地方党」（country party）、一方ジェントリ層と国教徒たちの支持を得ていた法案反対派は「宮廷党」（court party）という形で色分けすることも可能となる。地方党は、旧教徒の国王即位について明確に反対の立場であった。一方宮廷党は、王位継承問題に議会が口を挟むのはいかがなものかという〝国王大権尊重派〟で、いわば消極的に王弟を支持したにすぎなかったとされている。いずれにせよ、両者とも、反動的なカトリックの国王即位には原則反対の立場ではあったが、国王チャールズ二世の後継者問題は、このように当時最も重要な政治争点となっていたのである。

こうした状況下で国王は、解散総選挙に打って出た。制限選挙とはいえ、両派の選挙戦ないし選挙運動を通じて国内各地に政治クラブが誕生したといわれている。この政治クラブは当時から選挙本部の役割を果たしていたので、未熟とはいえ、近代政党組織の基礎を提供するものでもあった。そして地方党が勝利を収め新議会が開かれると、再び王位継承排除法案が提出され、下院では可決されたが上院で否決された。チャールズ二世は再度下院を解散して総選挙を実施したが、結果は前回同様地方党の勝利に終わった。この結果に不満をもったチャールズ二世は、今度は選挙後に新議会を開かないという暴挙に出たのである。

このような国王の暴挙に対し、総選挙で勝利を収めていた地方党議員たちは新議会召集を国王に〝請願〟したので「請願者」（Petitioners）、それに反発した宮廷党議員たちは、国王大権に対する干渉行為は〝嫌悪〟すべきだと主張したので「嫌悪者」（Abhorrers）とよばれるようになった。さらに請願者は嫌悪者を（無法者や強盗という意味のアイルランド語toraidheに由来する）「トーリー」（Tory）、嫌悪者は請願者を（本来スコットランドの言葉で牛追いを意味するwhiggamoreの短縮形で、転じて過激反乱分子を指すようになった言葉の）「ホイッグ」（Whig）と名づけて、互いに罵り合うようになったとされている［松村・富田編 2000：749, 812-813］。そしてその結果、「トーリー」「ホイッグ」という言葉が、両派の名称ないし呼称として定着するようになったのである。

このように、１６７９年以降の王位継承排除法案をめぐる政争を通じて「トーリー」「ホイッグ」二つの議員集団が出現したと考えられるが、これらは近代政党そのものというより「近代政党の前身」として理解すべきであろう。というのも、王政復古のこの時期においては、「政治クラブ」や「政党名」は登場していても、議会主権・議会主義が完全に確立していたわけではなかったからである。その意味で、名誉革命体制が確立する以前のトーリー・ホイッグ両派は、近代政党の〝前提〟として位置づけたほうがよい。それでも王政復古と王位継承排除危機を通じて近代政党の前身が登場したという事実は、王政復古が事実上議会の復古であり、そしてまた議会の政治的有意性を確認する出来事だったことを示している。

王政復古の本質――なぜ王政復古は議会の復古でもあるのか

したがって王政復古は、「国王と王政」の復古である以上に「議会」の復古であり、そして「議会における国王」の復古でもあったといえる。既述のとおり、議会の復古と王位継承問題をベースとして、二大政党の「前身」が誕生したからである。加えて、後述するように王政復古の企画演出および実現の経緯から見ても、そういえるからである。

クロムウェル共和政への反発から王政復古を企画演出し、その実現の立役者となった人物は誰であろうか。それは、オリヴァー・クロムウェルの息子リチャードの政治が瓦解した後、その後継者になろうとした人物を逮捕し、フランス亡命中の皇太子（のちのチャールズ二世）に帰国条件を打診し、追放されていた長老派議員たちを復帰させて「長期議会」の自主解散を行い、「仮議会」を成立させた、スコットランド派遣軍司令官マンク（モンクともいう）という軍人である。

ピューリタン革命で処刑された国王チャールズ一世の皇太子だった、のちのチャールズ二世は、１６６０年4月、マンク将軍の助言を容れて、帰国途中オランダのブレダという町から仮議会宛に一種の声明書を送っている。これは「ブレダ宣言」とよばれ、一部を除いて革命関係者を不問に付すことや、土地所有の所在を明確にすること、極端なもの以外は信仰の自由を保障することなどが盛り込まれ、これらを新国王として約束するという宣言であった。そして仮議会がこれを正式に承認した結果、新国王として即位が認められ、１６６０年5月に王政復古が実現する運びとなった。

以上のプロセスからも明らかなように、王政復古といってもそれは国王が武力を用いて勝手に即位したものではなかった。立役者は軍人であったが、「仮」とはいえあくまでも「議会」を通じて「議会」が主体となって王政を復活させたのである。それゆえ、繰り返しになるが、この王政復古は絶対王政の復活ではなく、むしろ「国王」の復古である以上に（伝統的な）「議会」の復古であった点に留意する必要があるといえる。

したがって王政復古とは、「議会」主導の政治変動であったと同時に、「国王」と「議会（貴族院と庶民院）」から構成された〝伝統的システム〟の復古といわなければならない。さらにそうした背景や経緯があったからこそ、王政復古後の議会において、王位継承排除法案をめぐり二大政党の前身や政党組織の原型などが出現可能になったと考えられるのである。

3　クロムウェルの共和政とその問題点

伝統を軽視した政治――なぜクロムウェルの共和政は挫折したのか

先述したようにオリヴァー・クロムウェルの息子リチャードが護国卿に就任してからは国内が混乱し、結局王政復古へと至っている。したがって、リチャード・クロムウェルに指導者としての資質や人望が欠けていた点をまず指摘することができよう。しかしそれ以上に共和政全体の問題点として、それがイギリス（イングランド）の伝統を無視した一種の軍事独裁体制だった点を指摘しなければならない。

１６４９年に国王チャールズ一世が処刑された結果、当然共和政が実施される運びとなった。その主導権を握っていたのがオリヴァー・クロムウェル（以下クロムウェル）を中心とする議会派の中の「独立派」である。独立派は、１６４８年に同じ議会派の「長老派」を、いわゆるプライド追放とよばれる事件によって議会から追放した。国王への不信を高めた独立派が国王の裁判を求めたのに対し、当時議会内多数派で穏健な長老派は国王との和解を要求していたからである。長老派が議会から追放された結果、残った独立派議員のみで議会が構成されるようになったため、「残部議会」（Rump Parliament）という蔑称がつけられた。そして、この残部議会がチャールズ一世の裁判実施を決議して、国王処刑に至ったのである。

また、この頃アイルランドへの武力侵攻（征服）を強行した独立派は、それに反対する「水平派」も追放してしまった。君主制も貴族院も廃止され共和政が宣言されると、クロムウェルは現存する二大機関、すなわち事実上独立派が支配する残部議会と軍隊をベースに政治を行うこととなった。ところが両者は上手く機能しなかったので、結局1653年に残部議会はクロムウェルによって解散させられることになる。

その結果同年12月、イギリスでは珍しい（同史上唯一の）共和国成文憲法として「統治章典」が定められた。それによると、行政権は護国卿（護民総督）と国務会議が有し、立法権は護国卿と議会が有するとされ、初代の護国卿にクロムウェルが就任すべきとされている。これはヨーロッパ史上初の成文憲法［松村・富田編 2000：360］といっても過言ではないが、護国卿クロムウェルに権力が集中するシステムであったことは否定できない。

さらに軍を掌握していたクロムウェルは、王党派の反乱を〝力〟で制圧するため全国を軍管区に分けて、軍政長官を各区に配置した。こうした軍管区制に反発した議会は、これを廃止させる目的で（おそらく貴族院も復活させて、立憲君主制とするために）クロムウェルに国王就任を要請したが、本人に拒絶されている。こうして1658年に死去するまで、クロムウェルは軍事独裁という、いわば〝イングランドらしくない〟政治を行った（あるいは行わざるを得なかった）。ここに共和政挫折の主要因を求めることができるのである。

指導者の理念とそれを取り巻く社会環境――なぜクロムウェルは独裁者となったのか

以上見てきたように、こうした議会派内部における一連の主導権争いに勝利したうえ、伝統的な統治機関のほとんどを廃止してしまった結果、独裁政治は当然なのかもしれない。その主な源泉は、ピューリタン的な道徳を国民に浸透させるためにも「独裁は必要」と考えたクロムウェル自身の信念に加え、王党派に対抗し治安を維持するうえで欠かせない陸軍（軍事力）を独立派とクロムウェルが掌握していたからにほかならない。

王政を廃止しただけでなく、国王と議会という伝統的な構造まで軽視した以上、クロムウェル本人のカリスマ性と軍事力に基づく統治しか残されていなかった。そうなると必然的にリーダーの個人独裁もしくは軍事独裁という形態を採るしかないからである。

勝者側の主導権争いの帰結――なぜピューリタン革命を通じて共和政が成立したのか

革命、すなわち内乱がほぼ議会派の勝利で終結する流れとなり、ここにおいて国王処分問題が議題となった。国王の存在自体〝革命に反する〟という主張が出てきたからであろう。しかしチャールズ一世の処刑をめぐっては、議会派も決して一枚岩ではなかった。長老派は立憲君主政を求めており、独立派も最初はそうであった。一方水平派などは処刑には賛成の立場で、後から独立派も国王処刑に賛成していくことになる。

その後、既述のとおり独立派によって長老派などが次々と一掃され、独立派〝一党支配〟ともいうべき残部議会を通じて、１６４９年に国王チャールズ一世は処刑された。これをもってピューリタン革命とよばれる一連の内乱はピークに達した。このような経緯で王政を否定した以上、またスチュアート家に代わり王政を担当する者が出てこない以上、クロムウェル中心の共和政となるのはむしろ当然であった。あるいは、「国王と国王一家が民衆から信頼も敬愛もされていなかったため、こうなった」ということになるのかもしれない。

4　イギリス革命におけるピューリタン革命の意義

独立派の主張と存在――なぜピューリタン革命は市民革命といえるのか

ピューリタン革命では、今後の政治について議論するため、1647年11月頃、ロンドン郊外テムズ川上流のパトニーという場所にある礼拝堂で、クロムウェルなど議会派軍関係者の討論会が開かれた。この討論会は「パトニー討論」とよばれるもので、一般兵士の多い水平派が起草した「人民協約」という政治改革案をめぐる軍幹部（独立派）との討論である。

貧農や小市民など「持たざる者」の利益を代表する水平派の主張と人民協約の内容は、信仰の自由、人口に比例した選挙区、隔年の議会開催、そして法の下の平等や普通選挙など、当時としては急進的な内容であった。それゆえ、独立派の軍幹部は「持てる者」の立場からこれに強く反論・反対し、結局結論が出ないまま散会になったとされている。

このように一口に「議会派」といっても、多数派議員が多かった「長老派」（穏健進歩派のジェントリ、富裕商人など）、少数派議員と軍幹部が多かった「独立派」（独立自営農民、商工業者など）、そして下士官や兵士（下層民）が多かった「水平派」というように、幅広く多様な社会層から構成されていたことがわかる。

例えば長老派の主張を要約すると、教会制度に関しては反・国教会（したがって反・絶対君主）、教区から選出された代表の〝長老〟を中心とする監督教会の設置、そして政治に関しては議会主権と立憲君主政である。独立派は、教会制度に関しては独立性の高い、信者の自発的な結社こそ教会だとして教会自治を主張する一方、長老派同様議会主権のほか、信仰の自由や商業の自由を比較的強く訴えた。このように両派の主張は「平等」よりも「自由」にウェイトを置くものであり、基本的に「市民」の利益を強く反映した主張といえる。それゆえ普通選挙には反対し、制限選挙に執着したのだと考えられる。

しかし下層民を代表する水平派の主張は、人民協約にも示されたとおり、「自由」はもとより、それ以上に「平等」を希求する内容であった。ここからもわかるように、自由を求めるとともに私有財産制の廃止を恐れ、普通選挙の実施を拒否した「独立派」こそ、ピューリタン革命の主役であり中心的存在だった。こうした事実から、イギリス革命の前半を占めるピューリタン革命は、宗派的な「内乱」であると同時に、基本的に「市民革命」として位置づけることができるのである。

勝者にこそ主導権——なぜクロムウェルと独立派が主導権を握ったのか

1642年に国王チャールズ一世が議会側に宣戦布告する形で始まった内乱は「国王と議会の主導権争い」に加え「国教徒と非国教徒（特に清教徒）の主導権争い」でもあり、文字どおり「専制と自由の戦い」といえた。前者の王党派は「騎士党」とよばれ、西部と北部を中心に国教徒や旧教徒、地主貴族や農民、聖職者などをその支持基盤としていた。一方東部と南部を基盤とする議会派は清教徒やジェントリ、商人、独立自営農民（ヨーマン）などから支持され、「円頂（円頭）党」とよばれるようになった。

戦況は当初王党派が優勢であったが、議会派軍を率いたクロムウェルが1643年頃鉄騎隊（鉄騎兵）を新たに組織すると形成が逆転し、1645年のネーズビーの戦いで王党派軍に圧勝を収めた。新型軍ともいえるこの鉄騎隊の幹部には中産層や宗教心の強い者が多かったとされ、目的意識の明白な人びとに支えられていたともいわれている。これによって内乱全体の流れは議会派側に傾き、議会派でもとりわけ軍の幹部に多かった独立派と、議会派勝利の立役者クロムウェルの立場が、相対的に強まっていったのだと思われる。

圧政に対する議会側のリアクション——なぜピューリタン革命は起きたのか

周知のように、父親のイングランド国教会をさらに発展させたエリザベス一世の死去に伴い、スコットランド国王ジェームズ六世がジェームズ一世としてイングランドに迎えられた（1603年）。これによってスチュアート王朝の時代となり、スコットランドとイングランドは同一の君主を戴く「同君連合」となった。コモン・ローの伝統をもつイングランドの実状に疎いジェームズ一世は、1625年に死去するまで、王権神授説を背景に議会の同意を得ず課税を行うなど専制政治を強めていったとされる。そして、その〝ツケ〟を払わされることになったのが、1625年に即位し1649年に断頭台で処刑される息子チャールズ一世であった。ピューリタン革命はこのチャールズ一世の治世に展開していく。

チャールズ一世も、国王を首長とする国教会制度を利用して専制政治を行った。国王と議会が対決姿勢を強めるようになったのも、議会と妥協せず国王が〝勝手な政治〟を繰り返したからである。このような国王に対し議会側は、1628年に「権利の請願」を採択し、例えば恣意的な課税や不法な逮捕・投獄、軍隊の強制宿泊といった一連の国王による行為はイングランド人の歴史的な権利の侵害であると非難した。これは、のちの権利章典にもつながる内容として評価できる。イギリス（イングランド）人が経験的慣習的にもつとされる「伝統的な自由や権利」を再確認したからである。

これにしぶしぶ従わざるを得なかったチャールズ一世は、翌年議会を解散すると、今度は１６４０年まで約11年間議会を開かず専制政治を行った。この〝無議会政治〟の時代には、国王直属の星室庁裁判所などを通じて反抗的な貴族の裁判が行われた。さらにチャールズ一世はイングランドの国教会をスコットランドにも拡充しようと考えて、それに反対する人びと（第一次主教戦争）を鎮圧するための戦争費用を調達するため、11年ぶりに議会を開くことにした（１６４０年４月13日）。

ところが、これまでの専制政治を反省しこれを改めるよう議会側が国王に忠告したうえ、それが確約されない限り戦費調達も認めないという決議を議会が行ったため、激怒したチャールズ一世はわずか三週間余りでこの議会を解散してしまった（１６４０年５月５日）。そのため、この議会を「短期議会」という。

１６４０年11月、第二次主教戦争に敗れ賠償金支払いに窮したチャールズ一世が再度議会を開いた結果、１６５３年にクロムウェルがいわゆる残部議会を解散するまで、形式的に議会は13年間継続した。そして、この「長期議会」こそ、ピューリタン革命という内乱の舞台となったのである。

長期議会は１６４１年、国王側の議会無視を阻止するため「三年議会法」を制定し、星室庁裁判所などを廃止したうえ、同年11月には国政大刷新を要求する「大諫奏（大抗議書）」を国王に提出した。そして１６４２年６月に議会は、国王大権を骨抜きにする「19条の提案」を提出し、チャールズ一世は当然のようにこれを拒絶した。その結果、二カ月後の８月に国王が議会側に宣戦を布告して、本格的な戦闘（内乱）が開始されることとなった。

第8章 絶対王政・宗教改革・ルネサンス——中世に対するリアクション

1 絶対王政の基本的性格と意義

植民地の争覇と絶対王政——なぜ英仏は競い合ったのか

絶対王政について説明する前に、ヨーロッパ諸国が展開した植民地獲得競争とその意義に触れておく必要がある。

植民地獲得競争に関しては、16世紀がスペインやポルトガル中心の時代だったとすると、17世紀前半はオランダの、そして17世紀後半はイギリスとフランスの時代ということができる。16世紀のスペインは、アジアではマニラ、中南米では現在のメキシコをそれぞれ支配するようになった。またポルトガルも、アジアではゴアやマラッカ、マカオを、中南米では現在のブラジルを支配下に置くようになっていた。

しかしポルトガルはスペインに併合（同君連合化）されて次第に衰えてゆき、そのスペインも、16世紀後半にオランダが独立を宣言し（オランダ独立戦争）、いわゆる無敵艦隊がイギリスに敗北したことによって衰退していく。こうしてオランダは1602年に東インド会社を設立したほか、周知のように徳川時代の対日貿易を独占するようになった。また、オランダは南アフリカにケープ植民地、北米にはニューアムステルダム（ニューネーデルランド植民地）を置いた。そして17世紀後半のオランダは、三度にわたるイギリス（イングランド）との戦争（英蘭戦争）を通じてその海上支配権をイギリスに譲る結果となったのである。

17世紀初頭、絶対君主とされるエリザベス一世の治世下でオランダより二年早く東インド会社を設立していたイギリスは、その後マドラス、ボンベイ、カルカッタを通じてインド支配を強めていく。同時にイギリスは北米にも進出し、１６０７年には北米最初のイギリス植民地とされるヴァージニア植民地を建設した。前述したオランダとの戦争中イギリスがニューアムステルダムを占領した結果、その名称がニューヨークと改められた。そして北米の東部13州がイギリスの植民地として発展し、18世紀後半には、既述のとおりアメリカ独立革命の舞台となっていくのである。

一方フランスは、イギリスにやや遅れてインドの獲得・支配に乗り出した。北米に関しても１６０８年にはケベック（現在のカナダ）を獲得し、そこは現在でもフランス語やフランス文化の伝統が根強い地域として知られている。とりわけ積極的な植民政策を採ったのが絶対君主ルイ14世であり、彼は１６８２年にルイジアナ植民地をベースとしてイギリスに対抗した。その結果、17世紀後半から18世紀、そして19世紀初頭を通じて英仏両国は〝第二次英仏百年戦争〟ともよばれる一連の戦争ないし抗争を繰り広げることになったのである。戦争に伴う戦費増大と財政難、そして課税強化など重商主義政策の必要性ならびにその強行は、前述した三大市民革命の原因の一つを形成したともいえる。

こうした一連の英仏植民地獲得戦争には、ファルツ戦争→ウィリアム王戦争（１６８８～97年）、スペイン継承戦争→アン女王戦争（１７０１～13年）、オーストリア継承戦争→ジョージ王戦争（１７４０～48年）、そして七年戦争

（1756～63年）がある。そして最後の七年戦争によって、イギリスの覇権ならびに植民帝国（第一次大英帝国）が確立されることとなった。植民地の争覇はイギリスの勝利に終わり、19世紀における発展の基盤が形成されたのである。

振り返ってみると、植民地獲得戦争が始まった頃のフランスやイギリスは絶対君主によって統治されていたことがわかる。イギリスは1688年の名誉革命によって立憲君主国となったが、やはりそれ以前は絶対君主が統治する絶対主義国家（絶対王政）の時代であった。そこでここから、絶対主義と絶対王政について検討することにしよう。

主権国家体制の幕開け――なぜ絶対王政は重要なのか①

絶対王政、すなわち絶対君主が支配する絶対主義国家は、原則として「国家イコール絶対君主」であった。それゆえ絶対君主は国家、つまりは自分の経済的軍事的利益を追求するあまり、一連の侵略戦争や植民地獲得戦争を展開したと考えられる。このような形で、「主権国家」という概念ならびにアクターも次第に定着していった。国内的に排他的な支配権・統治力を有し、対外的には独立性を維持する国家を主権国家という。

こうした今日的意味での主権国家の出発点は、中世のヨーロッパ社会を普遍的に支配してきたローマ教皇・カトリック教会の勢力が衰えた16世紀頃の絶対王政に求めることができる。そして各主権国家が対等な外交関係に基づきつつも自国の利益（国益）を増進するため競合し、勢力均衡などを求めた結果成立した国際秩序こそ主権国家体制である。

したがって絶対王政と絶対主義国家は、近代以降の国際社会における主要アクターの起源となる。同時に、そうした主権国家を中心とする国際社会や国際秩序形成にも貢献したという点で、きわめて重要な意味をもつといえるのである。

近代的国家機構の起源――なぜ絶対王政は重要なのか②

国王による専制支配を基本とした絶対王政は、単なる専制君主政とは異なり、「中世」封建社会・身分制社会から「近代」資本主義社会・市民社会に至る「過渡期」に出現した、いわば〝期間限定〟の中央集権的統治形態である。

絶対王政は絶対主義ともよばれ、絶対主義に基づいて存立し運営される国家が絶対主義国家である。一般的には、絶対君主たる「国王」に富と権力が集中しており、その支配を支える制度・組織として「常備軍」や「官僚制」を備え、王権は神から授かったものだから抵抗は許されず神聖不可侵でなければならないという「王権神授説」でその支配が理論武装され、「重商主義政策」（一般的には、国家を通じての保護貿易によって安く買い上げて高く売り、その貿易差額によって国富の増大を目指そうとする政策）を採用することが多いとされる。加えて、国王が戦費調達や課税のため貴族たちの同意を得る必要がある場合、身分別に構成された「議会」（中世の身分制議会）を開いたり、開かなかったりすることがあった。こうして「国王」と「議会」が対立・衝突した結果、イギリス革命やフランス革命に代表される市民革命が勃発したのである。

いずれにしても、絶対王政・絶対主義国家は、民族的・地域的主権国家としての側面をもつと同時に、政治経済的に統一された制度や組織、政策なども一応備えるようになっていた。それゆえ、近代的国家機構の起源として評価することも可能となる。

とはいえ絶対王政や絶対主義国家では、封建的な身分制が残っていたり、国王と結託した特権的大商人の存在が非特権商人の自由な経済活動を阻害していたり、共通の国民意識（アイデンティティ）をもたない「臣民」しか存在しなかったりするなど、「中世」の部分もまだ多かった。それゆえ絶対王政を打倒する市民革命と、その後の「国民」の形成などを通じて、絶対主義国家は近代国家へと本格的に脱皮していく。その結果、既述のとおり、近代市民社会や自由主義的な市民的政治体制、あるいは近代的統治システムの基礎などが形成されていくことになるのである。

2　絶対王政の構造と成立の背景

イギリス絶対王政の構造――なぜ英仏で絶対王政の性質が異なるのか①

イギリス（イングランド）の伝統ともいうべき「法の支配」（rule of law）は、中世以来イギリス憲法（the Constitution）の中核として位置づけられてきた。法の支配とは、主権者といえども自然法や国法の支配には服さなければならないとする考え方で、支配者による恣意的な支配や統治を排除しようとする原理［阿部・内田・高柳編 1999：402］といってよい。さらに、地方における部族の長でも変更したり背いたりすることのできない慣習や先例、民衆的経験の積み重ねで、「コモン・ロー」（common law）とよばれる独特の法体系がいわば〝ボトム・アップ〟式に形成されていった。それゆえ、法の支配とコモン・ローが浸透していたイングランドには、ヨーロッパ大陸的なローマ法思想、すなわち「法は皇帝の命令である」とか「国王は法の上」といった〝トップ・ダウン〟式の考え方が、ほとんど影響を及ぼさなかったと考えられるのである。換言すれば、イギリスはローマ法という異質な法体系を受け容れる必要もなかったし、ローマ法体系がイングランド的「法の支配」を完全に破壊することもなく、イギリスは近世を迎えたことになる。

このようにチューダー王朝期のイギリス絶対王政は、こうした特殊な伝統的法体系の枠組みの中での絶対王政だったと考えられ、そうした部分に、フランスなどヨーロッパ大陸諸国の絶対王政との違いを見出すことができるかもしれない。第7章でも触れたように、スコットランドの伝統を受け継ぐジェームズ一世やチャールズ一世などがイングランド「議会」と根本から対立した一つの要因も、やはりこうした点に求めることができるといえよう。

したがって、イギリスの絶対王政を考えるうえでは、「議会」の存在と役割を理解する必要がある。力が比較的制約された「国王」(絶対君主)と、その立場が比較的重要な「議会」、両者の調和的関係ないし力のバランスこそ、イギリス絶対王政の特質を理解するカギといっても過言ではない。両者の対立・抗争こそ、既述のイギリス革命だったからである。

フランス絶対王政の構造――なぜ英仏で絶対王政の性質が異なるのか②

これに対しフランスの絶対王政は、通例、典型的な絶対王政と位置づけられる。絶対王政期のフランスにも「三部会」とよばれる中世的身分制議会が存在していた。しかしながら、フランス革命が勃発するまで、およそ170年以上もの間、開催されなかったとされている。そしてその結果、久しぶりに開催された三部会とそこでの審議・議決方法をめぐる対立が、フランス革命とよばれる政治変動の一つのきっかけをつくった。

加えて、十分な常備軍を持たず、しかも地方のジェントリ(gentry)などが地方行政を担ったとされるイギリスのチューダー王朝と正反対なのが、フランスのブルボン王朝だったとされることが多い。つまりフランスの絶対主義国家は、比較的大規模な常備軍を抱え、地方行政官も中央が任命するなど、徹底して中央集権的な官僚制を整備していた。そのため、イギリスの絶対君主よりフランスの絶対君主の方が、王権神授説を振りかざしたり重商主義政策を強行したりすることが比較的容易だったと考えられるのである。

　このように英仏両国の絶対王政を比較してみると、法の支配やコモン・ローの伝統があるか否か、議会の存在と位置づけ、中央集権が強いか否かなど、同じ絶対王政といっても根本的な相違点を伴っていたことがわかる。そうした意味で、同じ「西洋」といっても、ブリテン島を根拠とする島国イギリス（とりわけイングランド）とヨーロッパ大陸のフランスには、根本的な違いのようなものを見出すことができる。

　こうした構造的特色以外に、宗教改革も絶対王政のあり方に大きな影響を及ぼしたと考えられるが、この点については次節で詳述することにしよう。

絶対王政登場の背景――なぜ絶対王政が成立したのか

　以上の点から、絶対王政あるいは絶対主義国家といっても、その基本構造は国や地域によって様々であることがわかった。そこでここでは、こうした絶対王政がなぜ成立したのかという点を考えてみることにしたい。

　季節の移り変わりという例えを用いて、絶対王政期（近世）とその意義を説明してみよう。仮に「中世」を「春」として、市民革命以降の「近代」を梅雨明け後の本格的な「夏」とすれば、「近世」は春と夏、両方の性質を兼ね備えた、あるいは春から夏に至る時期、すなわち「梅雨の時期」ということができるかもしれない。前述したように、絶対王政と絶対主義国家は、身分制など封建社会の側面を残しながらも、他方では近代国家の基礎固め的役割も果たしていたからである。ゆえに「近世」の絶対王政期は、「中世」から「近代」に至る過渡期、移行期、あるいは〝架け橋〟としての役割を担った時期といえるわけである。

　さて、このような絶対王政が、なぜ、この時期に登場ないし成立したのかについては、一般に「封建反動説」と

「階級均衡説」という二つの捉え方がよく知られている。

封建反動説とは、中世社会では当たり前だった飢饉や疫病、そして相次ぐ戦争によって国土が荒廃したり人口も激減したりした結果、各領主の支配が財政上危機に陥るようになった。この危機を乗り切るため、王権強化とそれによる保護を諸侯が求めた帰結として、中央集権的な絶対王政が確立されたとする捉え方である。

一方、階級均衡説は、中世以来の領主と、新世界の発見（後述）などによって経済的に台頭してきた新興ブルジョア、両者の対立を調停したり、両者の均衡を維持したりする必要性から、やはり中央集権的な王権に、超越した権限が与えられ成立したとするものである。両者におけるウェイトの置き方は多少異なるとはいえ、中世的経済社会の変化や動揺、あるいは行き詰まりなどに対する「リアクション」という形で、そしてそこに、当時の時代的社会的要請（必要性）や期待も加わって絶対王政が成立したと見ることは可能である［渡邉 2014：9］。

3　宗教改革とルネサンス

宗教改革の政治的意義——なぜ宗教改革は重要なのか

宗教改革とは、中世の西欧社会を精神的かつ普遍的に支配していたカトリック教会（教皇）の権威を弱体化させ、それを通じてプロテスタント諸教会の確立に至らしめた一連の反・カトリック運動の総称である。ローマ教皇レオ十世の免罪符発売を批判し、「95カ条の論題」を発表したルターによって1517年に始まった宗教改革は、フランスやイギリスなどヨーロッパ各地域に波及していくことになる。それゆえ宗教改革は特に16世紀を中心とする宗教上の改革であった［北岡 1979：16-17］。

とはいえ、こうした一連の宗教改革は、単なるキリスト教（カトリック）の改革というわけでもなかった。何より宗教改革は、中世以来絶対的存在だったカトリック教会の権威をある意味否認したことになる。キリスト教が生活や政治の基盤となっていた中世社会において、宗教改革は様々な意味で〝革命的〟な出来事であったと考えられる。したがって、一連の宗教改革は中世に対する「リアクション」であり、かつ「政治的」重要性も伴っていたと見なければならない。

あくまで一般論ではあるが、このような宗教改革の政治的意義や効果を列挙すると、以下のとおりとなる。

・カトリック教会と、それに基づく中世ヨーロッパ的倫理観に革命的変化をもたらした。
・教会組織ではなく聖書と個人の信仰を重視するため、神の下では全て平等という考え方や個人の内面的な自律化を促し、それが近代的な社会精神となった。
・普遍教会から国家教会への変化をもたらした。
・絶対王政の成立にも影響を及ぼした。
・旧教（カトリック）対 新教（プロテスタント）という構図の宗教戦争を経験することによって、絶対主義国家などを通じて近代的な国家形成をある程度促進した。

既に触れたように、ここからも、宗教改革は絶対王政のあり方に影響を及ぼしていたことが明らかとなる。今度はこの点について、イギリス（イングランド）を例に挙げて説明してみることにしよう。

英国教会の成立と意義——なぜ宗教改革は絶対王政と関係があるのか

既述のように、国王を頂点とする英国教会の中央集権的階層秩序（ヒエラルヒー）は、トップ・ダウン型の絶対王政支配に好都合だった。国王が宗教と政治両方のトップに立つことは、精神世界と世俗世界を国王が同時に支配することにつながるからである。そして16世紀のイングランドにおいて、絶対主義強化（貴族勢力の抑圧）と宗教改革（教皇およびカトリック教会との絶縁）を実現した絶対君主こそヘンリ八世であった。

もっともヘンリ八世は、当初ルターを非難して、教皇から「信仰の擁護者」という称号すら得ていた。そのような人物がなぜ宗教改革を推進したのか。一般には、男子の王位継承者の出生を望んだヘンリ八世が王妃との離婚を教皇に願い出て、それが許可されなかったためとされている。ところがヘンリ八世は教皇の許可を得ず王妃と離婚したので、教皇から破門されてしまった。そこでヘンリ八世は、イングランド国王をイングランド（英）国教会唯一最高の首長とする「首長令（国王至上法）」を１５３４年に議会で成立させることに成功した。これにより、教皇（カトリック教会）から分離独立したイングランド独自の国教会制度が成立したのである。このことは絶対主義国家の、ひいては近代的民族国家の原型がイングランドで生み出されたことを意味する。こうしてイギリスの宗教改革は、絶対王政の成立を伴う形で一つのピークを迎えた。

このようにして成立した英国教会はカトリック教会と同じ中央集権的な構造であるため、トップの「教皇」を「国王」に変更した程度の、ある意味不完全な宗教改革だったともいえる。したがってヘンリ八世の真意は、宗教改革というより王権の強化にあったと考えられるのである。それでもこれは、中世から近代へ移行していく「近世」という過渡期を象徴する出来事として大きな意味をもつことは間違いない。

ヘンリ八世の死後、メアリ一世は異母弟エドワード六世によって行われた国教会プロテスタント化に反発して、国教会のカトリック化を強行した。新教徒を弾圧したことによって嫌われた彼女は「流血のメアリ」(Bloody Mary)というあだ名をつけられたことで知られる。このように紆余曲折を経て、異母姉メアリ一世の死後即位したエリザベス一世は、国教会のカトリック化を否定し議会との妥協をはかったうえ、父ヘンリ八世時代に戻すため、1559年に再度首長令や「統一令（礼拝統一法）」を制定したりするなど、国教会制度の基礎固めと確立を実現させた。

議会との妥協、新旧両教の折衷的性格をもった英国教会の成立は、エリザベス一世の治世のみならず、イングランドの絶対王政と宗教改革をまさに象徴する出来事として位置づけられ得る。そして、このような形でイングランドが近代国家への歩みをいち早く踏み出すことができたからこそ、他国に先駆けて世界進出していくことも可能となったのである。

ルネサンスの政治的意義――なぜ宗教改革に加え、ルネサンスも重要なのか

宗教改革とルネサンスは近代精神の二大源流となるので、西洋政治史ではルネサンスも重要な意味をもつ。もちろん、宗教改革が「聖書」の復活だとすれば、ルネサンスは「古典」の復活という点で両者には違いもある。しかしながら両者とも、個人的意識の自覚に基づき、中世の宗教への反抗を示したという点では共通する基盤に支えられていた［北岡 1979: 16］。したがって、一見政治史とは関係なさそうなルネサンスもまた、中世に対する「リアクション」であると同時に、近代への道を拓く役割をもっていたといえるであろう。

周知のようにルネサンスは、「再生」を意味するフランス語であるが、一つの時代概念もしくは普遍的な歴史概念として定着している。ルネサンスの背景として、中世末期において数回に及んだ十字軍の遠征と、それに伴い中

世的なものを打破しようという動きの始まりが挙げられる。具体的には東西に渡る交通の発達、そして古代ギリシアの古典を学ぼうとする運動などがそれである。ルネサンスがイタリアを中心に展開した理由は、古代ギリシアやローマの古典文化を歴史的地理的に継承しやすい環境にあったからである。それに加え、東方貿易に伴う海路を通じた商工業の発達によって封建制が打撃を受けやすく、その結果フィレンツェなどの都市とその市民層が力をつけていた点なども重要である。

一般にルネサンスといえば、14世紀から16世紀にかけてヨーロッパで展開した古典文化復興運動のことを指す。だとすれば、ルネサンス全体の効果はどういう部分に見出せるのであろうか。

まず、古代古典の復古（ルネサンス）を通じて人間の観察力や創造力、あるいは批判する力や推理する力が強まり、それらが芸術面など現実のあらゆる分野に適用された事実は無視できない。そしてそれは、教会組織は別として、中世的な思考や秩序に対する精神的な一撃になったと推察される。換言すれば、個人ひいては人間中心的な考えの発展にもつながったと考えられるのである。

そうした意味で、ルネサンスの政治的意義としては、「現実主義」（神や宗教中心から人間中心主義、来世至福よりも現世至福への転換）、「個人主義」（政治的主体であることを自覚・意識した人間の新たな発見）、そして「合理主義」（客観的かつ自主独立の精神に基づく近代的意識）の登場という側面を指摘することができる。そしてこれらは、後年、市民革命などを通じて近代市民社会を形成する際に不可欠な主体的理性的人間像の形成に役立ったといっても過言ではない。それゆえ、宗教改革はもちろんルネサンスもまた、「中世」から「近代」への〝橋渡し〟役を担っていたといえる。

但しルネサンスには、問題点というか限界もあった。例えば、民衆というよりも君主や貴族など上流層との関係が強かったこと、換言すれば権威との妥協という側面もあったことなどが挙げられよう。したがって、そうした点では宗教改革の方がルネサンスよりも政治的に重要な意味をもっている。とはいえ、これまで見てきたようにルネサンスもまた、人間の精神的あり方という点で、後年「市民」とよばれる人間像の形成に一役買っていたということができるのである。

4　新世界の発見と十字軍の遠征

商業・貿易の発展とその政治的意義――なぜ中世の幕引きとなったのか

ルネサンスが発展した三大要因として、十字軍遠征によるギリシア文化やイスラム科学の導入、君主や貴族たちによる文化芸術の保護、そして商業の発展に基づく上層市民勢力の増大を挙げることができる。その意味で、商業や貿易、それに伴う交通・流通の発展は、中世社会の幕引きを、言い換えれば近世社会から近代社会への脱皮を促す主要因であったといえるであろう。人間社会における基本的な営みの一つがそれだからである。

したがって、こうした経済的かつ社会的な動きや変化は、政治に対する意識や政治のあり方そのものに、直接的とはいえないまでも、間接的あるいは中長期的に何らかの影響を及ぼし得ることになる。同時に政治の構造そのものが、経済や社会の変化を促すこともある。それゆえ、経済や社会という側面から政治史を捉え直していく姿勢や作業は必要不可欠といわざるを得ない。

15世紀から16世紀の西洋諸国において、東洋の産物が以前にもまして求められるようになったことはよく知られている。キリスト教を当時の「元」の領土にまで普及しようとしたローマ教皇もあった［北岡 1979：10］とされており、陸路を通って現在の中国に該当する地域を訪れようとするヨーロッパ商人も増えていった。周知のようにイタリアの探検的商人マルコ・ポーロは、13世紀後半頃の元朝に仕えたとされ、彼が帰国後獄中で語ったとされる東方旅行見聞録を筆録したものが出版されると、「東洋」に対する「西洋」人の関心が高まっていったことは想像に難くない。その結果、西洋諸国の人びとは海路を使って東洋に行こうとするようになった。その根底にあったのは、神秘的な東洋への憧憬に加え、富をより多く求めようとする「人間の本能的欲望」だったに違いない。

政治の安定化と交通・流通の発展——なぜ新世界の発見に至ったのか

ここでは「新世界の発見」という表現を用いるが、これによって新大陸が発見され、地球が球形であることがあらためて確認された。こうした動きにまず（15世紀末）積極的な姿勢を見せたのが、当時のスペインとポルトガルであった。これは言い換えれば、二つの国が当時世界に先駆けて発展を遂げ、台頭していたということでもある。周知のように、15世紀末にポルトガルのヴァスコ・ダ・ガマは国王の命を受けてリスボンを出発し、インド洋を横断してインドに到着後帰国した。これによってインドへの直接航路が開かれることとなった。インド航路が開かれる少し前、ジェノヴァ出身のコロンブスは、スペイン女王から支援を受けて大西洋を西に航行していった。そして西インド諸島に到達した。その後数回にわたる探検でコロンブスはインドに到達したと思っていたとされるが、実際は新大陸を発見していたことが彼の死後判明したのである。この新大陸は、南米を探検したイタリア人アメリゴ・ヴェスプッチの名に因んで「アメリカ」とよばれるようになった。

さらにポルトガルのマゼランはスペイン王の許可を得て航海に出発し、マゼラン海峡を発見したり太平洋を横断した。フィリピン群島での彼の死後、その部下たちがインド洋を経てスペインに戻り、地球が球形であることを証明した形となった。

前述したように、彼らがこうして活躍できたのも、台頭したスペインやポルトガルの支援によるところが大きい。これにより、古代から中世において一般的だった地中海中心の貿易は、いわば大洋貿易に変化していった。この点で当時の先進国ポルトガルは、インドのゴアを本拠に東南アジアや中国など、東洋中心の貿易を展開して大きな利益をあげた。一方スペインは、マニラを根拠地として日本と交流したり、中南米など新大陸で金銀を採掘した。しかし、スペインとポルトガル両国とも現地での産業育成より搾取に力を入れすぎたため、その植民地経営は必ずしも成功したとはいえなかった［北岡 1979：12］。

それでもやはり、スペインとポルトガルが世界に先駆けて海外遠征に乗り出すことができたのは、絶対王政的中央集権体制が確立された結果、重商主義政策に基づく富国策遂行のため航海者を支援していたからである。つまり、政治の安定があったからこそ、国家の強大化と経済的豊かさを追い求め、その結果「新世界の発見」につながったことになる。そこに政治と経済の関連性を見出すこともできるであろう。しかし同時に、アジア・アフリカなどに対するヨーロッパの優越を生じさせるきっかけをもたらしたともいえる。それゆえ新世界の発見は、ヨーロッパ型帝国主義の先駆という評価も可能かもしれない。

十字軍遠征の政治的意義――なぜ十字軍の遠征は重要なのか

こうした一連の変化・発展の土台として、11世紀から13世紀の間に数回行われた十字軍の遠征とその影響があったことも忘れてはならない。周知のように十字軍は、当初、キリスト教徒の聖地（エルサレム）をセルジューク朝トルコ（イスラム教徒）の占領から奪還するため行われた一連の遠征である。しかし実際は、十字軍の遠征によってギリシアの文化やイスラムの科学がヨーロッパに輸入され、その結果、都市の勃興・繁栄をもたらすなどルネサンスに及ぼした影響も少なくないとされる。

当初の目的を達成できなかったとはいえ、十字軍遠征の結果「路」が開拓されたことで、交通や流通が発達した。それによって「航路」の発展にもつながったといえる。また、このような「交通路」「流通経路」の発達により、いわば「ヨコ」のつながりが整備され、以前より重要な意味をもつようになったと考えられる。さらに貿易なども発展した結果、中世的世界観の弱体化や生活の変化、そして何より、中世的で「タテ」型の封建制に何らかの打撃を与えたのではないかと推察されるのである。

こうして十字軍の遠征は、全体としてはローマ教皇権の失墜と封建貴族層の没落を招くきっかけをもたらした。さらにその反動で王権が伸長し、絶対王政への道を切り拓くことにもなった。十字軍遠征の政治的意義は、このような部分に見出すことができよう。したがって十字軍の遠征もまた、「中世」から「近世」への〝橋渡し〟的役割を果たしたということができるのである。

あとがき

私事で恐縮だが、子供の時から歴史（特に日本史）好きで政治にも興味があった著者は、日本史を選択科目（社会科）にして大学を受験した。にもかかわらず、大学（日本大学法学部政治経済学科）入学後は、「西洋政治史」専攻のゼミナールに入室した。西洋政治史のゼミナールを選んだ理由は、当時所属していたサークルの先輩の存在もあったからだが、それ以上に、『政治のあり方を考え、政治学の魅力に触れるためには、イギリスの政治と歴史、すなわちイギリス政治史を学ぶ必要がある』と感じていたことによる。

西洋政治史のゼミに入室した大学二年生の頃、書店で一冊の本と出会った。「巻を措く能わず」といっても過言ではないその本は、考古学者 樋口清之氏による『うめぼし博士の逆（さかさ）・日本史』シリーズ第一巻である。専門書というより一般書だから可能だったのだと思われるが、同書が「倒叙法」を用いて歴史を活き活きと〝描いていた〟のを今でも思い出す。そしてもちろん、本書執筆のヒントはこの本から得ている。

樋口氏によれば、倒叙法こそ歴史本来の姿だという。「なぜなら、歴史とは、ただ古い時代のことを調べるための学問ではなく、現在ただ今を知り、明日を洞察するためのなによりの〝道具〟だから」［樋口 1988：8］である。この考えに共鳴した著者は、いつかは倒叙法で西洋政治史のテキストを書いてみたいと思うようになっていた。

また、本務校の通信教育課程において、社会人学生を対象とする西洋政治史の授業（スクーリング）にこの方法を取り入れたところ、受講生の評判が大変良かったという事情もあった。逆説的だが、歴史が苦手な人ほど、この倒叙法で学習すべきではないのかとさえ思うようになった。あるいは「総論から各論へ」という従来的で一般的なコースよりも、「各論から総論へ」という〝逆コース〟の方が、案外馴染みやすいかもしれない。

樋口氏の本を手にしてから三十年以上が経過し、西洋政治史のテキストを単独で執筆する機会にようやく恵まれた。「思えば叶う」である。読者の皆さんには、本書を通じて西洋政治史の面白さ、奥深さ、そして「今」を知り「未来」を切り拓くために「過去」を学ぶ大切さを感じ取ってもらえたなら、著者にとって望外の喜びである。

最後になったが、本書の企画・執筆と刊行にあたり、今回も大変お世話になった晃洋書房編集部の丸井清泰氏と福地成文氏に篤く御礼を申し上げたい。

渡邉 容一郎

二〇二二年九月

人名索引

〈ア　行〉

〈カ　行〉

〈サ　行〉

〈タ　行〉

〈ナ　行〉

〈ハ　行〉

〈マ　行〉

〈ラ　行〉

事項索引

〈ア　行〉

〈カ　行〉

〈サ　行〉

〈タ　行〉

〈ナ　行〉

〈ハ　行〉

〈マ　行〉

〈ヤ　行〉

〈ラ　行〉

〈ワ　行〉

主要参考・引用文献一覧

〈邦文献〉

阿部齊・内田満・高柳先男編［1999］『現代政治学小辞典〔新版〕』有斐閣.
大山礼子［2006］『フランスの政治制度』東信堂.
岡田英弘［2015］『歴史とはなにか』文藝春秋.
河合秀和［1974］『現代イギリス政治史研究』岩波書店.
北岡勲［1979］『西洋政治史』財経詳報社.
篠原一［1986］『ヨーロッパの政治――歴史政治学試論』東京大学出版会.
司馬遼太郎［2010］『坂の上の雲（五）』文藝春秋.
下斗米伸夫［2020］『新危機の20年――プーチン政治史』朝日新聞出版.
世界史小辞典編集委員会編［2004］『山川　世界史小辞典（改訂新版）』山川出版社.
高木八尺・末延三次・宮沢俊義編［2011］『人権宣言集』岩波書店.
高畠通敏［1987］「政治的リーダーシップ」、篠原一・永井陽之助編『現代政治学入門〔第２版〕』有斐閣.
富川尚［1999］「独仏枢軸が動きだす」、金丸輝男編『ヨーロッパ統合の政治史――人物を通して見たあゆみ』有斐閣.
中木康夫編［1987］『現代フランスの国家と政治――西欧デモクラシーのパラドックス』有斐閣.
西山隆行［2017］「2016年アメリカ大統領選挙――何故クリントンが敗北し、トランプが勝利したのか」『日本選挙学会年報　選挙研究』33（１）.
長谷川貴彦［2017］『イギリス現代史』岩波書店.
ハミルトン, A.／ジェイ, J.／マディソン, J.［1999］『ザ・フェデラリスト』（斎藤眞・中野勝郎訳），岩波書店.
樋口清之［1988］『うめぼし博士の 逆・日本史――庶民の時代・昭和→大正→明治』祥伝社.
福島清彦［2002］『ヨーロッパ型資本主義――アメリカ市場原理主義との決別』講談社.
松村赳・富田虎男編［2000］『英米史辞典』研究社.
水島治郎［2016］『ポピュリズムと何か――民主主義の敵か､改革の希望か』中央公論新社.
山口定［1988］『現代ヨーロッパ史の視点――今日の日本を考えるために〔第二版〕』大阪書籍.
渡辺容一郎［2007］『現代ヨーロッパの政治』北樹出版.
渡邉容一郎［2014］「市民的政治体制の形成」、杉本稔編『Next教科書シリーズ　西洋政治史』弘文堂.
渡辺容一郎［2016］「2016年EUレファレンダムの一考察――保守主義とイングランド性の

見地から」『日本選挙学会年報　選挙研究』32（2）.

〈欧文献〉

Beard, C. A. [1928] *The American Party Battle*, New York: Macmillan（斎藤眞・有賀貞訳編『アメリカ政党史』東京大学出版会，1968年）.

Carr, E. H. [1961] *What Is History?*（The George Macaulay Trevelyan Lectures delivered in the University of Cambridge January-March 1961）, London: Macmillan（清水幾太郎訳『歴史とは何か』岩波書店，2017年）.

Dahl, R. [1973] *Polyarchy: Participation and Opposition*, New Haven: Yale University Press（高畠通敏・前田脩訳『ポリアーキー』三一書房，1985年）.

Dahl, R. A. [1991] *Modern Political Analysis*, fifth edition, New Jersey: Prentice-Hall（高畠通敏訳『現代政治分析』岩波書店，1999年）.

Elton, G. R. [1970] *Political History――Principles and Practice*, New York: Basic Books（丸山高司訳『政治史とは何か』みすず書房，1974年）.

Giddens, A. [1998] *The Third Way: The Renewal of Social Democracy,* Cambridge: Polity Press（佐和隆光訳『第三の道――効率と公正の新たな同盟』日本経済新聞社，1999年）.

Gerwarth, R. [2018] *Die größte aller Revolutionen. November 1918 und der Aufbruch in eine neue Zeit*, München: Siedler Verlag（大久保里香・小原淳・紀愛子・前川陽祐訳『史上最大の革命――1918年11月、ヴァイマル民主政の幕開け』みすず書房，2020年）.

Hitler, A. translated by Ralph Manheim [1943] *Mein Kampf*, Boston: Houghton Mifflin（平野一郎・将積茂共訳『改訳　わが闘争１（全３巻）』黎明書房，1975年）.

Isaak, A.C. [1975] *Scope and Methods of Political Science: an introduction to the methodology of political inquiry*, revised edition, Homewood, Illinois: The Dorsey Press（喜多靖郎・富岡宣之訳『政治学方法論序説』晃洋書房，1988年）.

Kavanagh, D. [1991] "Why Political Science Needs History", *Political Studies*, 39（3）.

Khlevniuk, O. V. translated by Nora Seligman Favorov. [2015] *Stalin: New Biography of a Dictator*, London: Yale Representation（石井規衛訳『スターリン――独裁者の新たなる伝記』白水社，2021年）.

Kolb, E. [1986] *Die Weimarer Republik*, München: Oldenbourg Verlag（柴田敬二訳『ワイマル共和国史――研究の現状』刀水書房，1996年）.

Müller, J.-W. [2016] *What Is Populism?*, Philadelphia: University of Pennsylvania Press（板橋拓己訳『ポピュリズムとは何か』岩波書店，2020年）.

Pierson, C. [2021] *The Next Welfare State?―― UK Welfare after COVID-19*, Bristol: Policy Press, an imprint of Bristol University Press.

Sandel, M. J. [2020] *The Tyranny of Merit――What's Become of the Common Good?*, New York: Farrar, Straus and Giroux（鬼澤忍訳『実力も運のうち――能力主義は正

義か？』早川書房，2021年）．

Schmitt, C. [1932] *Der Begriff des Politischen*, München: Duncker & Humblot（田中浩・原田武雄訳『政治的なものの概念』未来社，1988年）．

Taylor, A. J. P. [1965] *English History 1914-1945*, Oxford: Clarendon Press（都築忠七訳『イギリス現代史 1914-1945』みすず書房，1987年）．

関連略年表

2022	ロシア軍によるウクライナ侵攻
2021	ポスト・メルケルを選ぶドイツ総選挙
	アフガニスタンからのアメリカ軍撤収完了
2020	イギリスがEUを離脱
	世界保健機関（WHO）が新型コロナウィルス検出と認定
2016	アメリカ大統領選挙でトランプが当選
	イギリスでEUレファレンダム実施
2014	スコットランドで独立の是非を問う住民投票実施
2009	リスボン条約発効
2004	EU東方拡大・25カ国体制へ（「大欧州」の誕生）
2003	イラク戦争勃発
2002	ユーロ流通開始
2001	9.11アメリカ同時多発テロ
2000	プーチン大統領に就任
1999	ユーロ導入
1997	ブレア労働党政権発足
1993	マーストリヒト条約発効
1991	ソヴィエト連邦解体
1990	東西ドイツ統一
1989	米ソ両首脳による冷戦終結宣言（マルタ会談）
	ベルリンの壁崩壊
	東欧（市民）革命開始
1987	単一欧州議定書発効
1985	ゴルバチョフソ連共産党書記長に就任，ドロールEC委員長に就任
1979	ソ連によるアフガニスタン軍事介入
	サッチャー保守党政権発足
	第二次石油ショック
1975	スペイン王政復古
	第一回サミット
1974	ポルトガル民主化
1973	第一次石油ショック
	イギリスがECに加盟
1971	ニクソンショック（ドル・ショック）
1969	ド・ゴール大統領を辞任
1967	ブリュッセル（機関合併）条約発効
1963	独仏協力（エリゼ）条約締結
1960	欧州自由貿易連合（EFTA）発足
1958	ローマ条約発効

1956	スエズ戦争（第二次中東戦争）およびスエズ出兵
1955	メッシーナ会議開催
1952	パリ条約発効
1950	シューマン宣言
1947	トルーマン・ドクトリン，マーシャル・プラン（冷戦開始）
1945	第二次世界大戦終結
	アトリー労働党政権発足
	ヤルタ会談
1942	ベヴァリッジ報告
1940	フランス第三共和政崩壊
1939	第二次世界大戦勃発
1938	ミュンヘン会談
1936	スペイン内戦勃発
	ブルム人民戦線内閣成立
1934	ヒトラー総統に就任
1933	ニュー・ディール政策開始
	ヒトラー首相に就任
1932	総選挙でナチ党が比較第一党に躍進
1931	フーヴァー・モラトリアム実施
1929	世界恐慌（暗黒の木曜日）
1928	スターリンの第一次五カ年計画開始
1926	ワイマール・ドイツ国際連盟に加入
1924	レーニン死去
1923	ミュンヘン一揆
1919	ワイマール憲法
	パリ講和会議，ヴェルサイユ条約調印
	ドイツ労働者党（ナチ党の前身）結成
1918	ドイツ11月革命，第一次世界大戦終結
1917	ロシア（3月，11月）革命
1914	第一次世界大戦勃発（サライェヴォ事件）
1905	第一次ロシア革命（血の日曜日事件）
1899	中国に対する門戸開放宣言
1898	米西戦争
1894	ドレフュス事件
1892	アメリカ人民党（ポピュリスト党）結成
1890	ビスマルク辞任，帝政ドイツで皇帝親政と世界政策を採用
1889	ブーランジェ事件（クーデタ未遂に終わる）
1871	ドイツ帝国成立
	普仏戦争終結，パリ・コミューンの成立と崩壊

1870	フランス第三共和政開始
	普仏戦争勃発
1867	イギリス第二次選挙法改正
1866	普墺戦争
1865	アメリカ南北戦争終結
1864	対デンマーク戦争
1861	アメリカ南北戦争勃発
1852	フランス第二帝政開始
1848	フランス２月革命，フランス第二共和政開始
	フランクフルト国民議会開催
	ドイツ３月革命，メッテルニヒ追放，ウィーン体制崩壊
1846	イギリス穀物法撤廃
1838	人民憲章発表
1834	タムワース宣言
1832	イギリス第一次選挙法改正
1830	フランス７月革命，フランス７月王政開始
1829	ジャクソン大統領に就任
1823	モンロー宣言
1815	ウィーン体制成立
1814	ウィーン会議開催，ブルボン復古王政開始
1804	ナポレオン第一帝政開始
	ナポレオン法典
1799	ブリュメール18日のクーデタ，フランス革命終了
1795	1795年憲法
1794	テルミドール９日のクーデタ
1793	1793年憲法
	ルイ16世処刑
1792	王政廃止と共和政宣言
	八月十日事件
1791	1791年憲法
	ヴァレンヌ事件
1789	フランス人権宣言
	フランス革命勃発
	テニスコートの誓い
1788	アメリカ合衆国憲法施行
1783	パリ条約でアメリカ独立を承認
1776	アメリカ独立宣言
1774	第一回大陸会議
1773	ボストン茶会事件

1689	権利章典
1688	名誉革命
1685	ジェームズ二世即位
1683	ライ・ハウス陰謀事件
1679	王位継承排除法案提出
1673	審査法
1660	ブレダ宣言，王政復古
1658	クロムウェル死去
1653	クロムウェル護国卿就任
	残部（長期）議会解散
1649	チャールズ一世処刑
1648	プライド追放（長老派議員を追放）
1647	パトニー討論
1642	ピューリタン革命の内乱勃発
1640	長期議会
	短期議会
1628	権利の請願
1625	チャールズ一世即位
1603	ジェームズ一世即位により同君連合成立
1600	イギリスが東インド会社を設立
1559	エリザベス一世の統一令により英国教会確立
1534	ヘンリ八世の首長令により英国教会成立
1517	ルターが95カ条の論題を発表

《著者紹介》

渡邉　容一郎（わたなべ　よういちろう）

1967年2月　神奈川県小田原市生まれ
1989年　日本大学法学部政治経済学科卒業
1991年　日本大学大学院法学研究科博士前期課程政治学専攻修了（政治学修士）
1995年　日本大学大学院法学研究科博士後期課程政治学専攻退学
2003年　日本大学法学部専任講師
2022年現在　日本大学法学部教授
（担当科目　西洋政治史　政治学ほか）

主要業績

『現代ヨーロッパの政治』北樹出版，2007年
『イギリス・オポジションの研究』時潮社，2009年
『オポジションとヨーロッパ政治』北樹出版，2010年
『イギリス政治の変容と現在』晃洋書房，2014年
『統治システムの理論と実際』（共著）南窓社，1999年
『ヨーロッパ政治研究序説』（共著）信山社，2003年
『政治の世界』（共著）北樹出版，2004年
『政治学』（共著）弘文堂，2011年　ほか

西洋政治史

2022年11月10日　初版第1刷発行　　＊定価はカバーに表示してあります

発行者　萩　原　淳　平
印刷者　河　野　俊一郎

発行所　株式会社　晃　洋　書　房
〒615-0026　京都市右京区西院北矢掛町7番地
電話　075(312)0788番(代)
振替口座　01040-6-32280

装丁　野田和浩　　印刷・製本　西濃印刷㈱
ISBN 978-4-7710-3681-9